◆『十三五』国家重点出版物出版规划项目
◆2020年度民族文字出版专项资金资助项目
◆国家社会科学基金重大项目『西南少数民族医药文献数据库建设及相关专题研究』(项目编号:16ZDA238)成果

基于数据库建设的中国西南少数民族医药文献抢救与整理丛书

彝医药文献书目提要

主　编　赖先荣
副主编　普元柱　冯兹阁

西南交通大学出版社
·成　都·

图书在版编目（CIP）数据

彝医药文献书目提要 / 赖先荣主编. -- 成都：西南交通大学出版社，2024.1
（基于数据库建设的中国西南少数民族医药文献抢救与整理丛书）
“十三五”国家重点出版物出版规划项目　2020 年度民族文字出版专项资金资助项目
ISBN 978-7-5643-9640-4

Ⅰ. ①彝… Ⅱ. ①赖… Ⅲ. ①彝医－医学文献－图书目录－中国 Ⅳ. ①Z88：R291.7

中国国家版本馆 CIP 数据核字（2024）第 007717 号

基于数据库建设的中国西南少数民族医药文献抢救与整理丛书
“十三五”国家重点出版物出版规划项目
2020 年度民族文字出版专项资金资助项目

Yi Yiyao Wenxian Shumu Tiyao

彝医药文献书目提要

主编　赖先荣

策划编辑 / 吴　迪　郑丽娟　姜远平
责任编辑 / 郑丽娟
助理编辑 / 姜远平
封面设计 / 曹天擎

西南交通大学出版社出版发行
（四川省成都市金牛区二环路北一段 111 号西南交通大学创新大厦 21 楼　610031）
营销部电话：028-87600564　028-87600533
网址：http://www.xnjdcbs.com
印刷：四川玖艺呈现印刷有限公司

成品尺寸　185 mm × 260 mm
印张　8.5　　字数　136 千
版次　2024 年 1 月第 1 版　　印次　2024 年 1 月第 1 次

书号　ISBN 978-7-5643-9640-4
定价　89.00 元

基于数据库建设的中国西南少数民族医药文献抢救与整理丛书

编写委员会

《彝医药文献书目提要》
编写委员会

主　　编： 赖先荣

副 主 编： 普元柱　　冯兹阁

编　　委： 张　艺　　张　丹

曾商禹　　甲巴拉则

总序

Foreword

我国是一个多民族国家，少数民族医药作为我国传统医药体系中不可或缺的部分，几千年来积累了数量庞大的古籍文献。近年来，我国政府对古籍文献的保护和整理工作极为重视，在国务院及国家行政部门支持下，民族医药发展受到高度重视。2022年，中共中央办公厅、国务院办公厅印发的《关于推进新时代古籍工作的意见》着重指明了少数民族古籍工作的重要性，提出“推动少数民族文字古籍文献的抢救保护”“围绕铸牢中华民族共同体意识，深入整理反映各民族交往交流交融历史的古籍文献，挖掘弘扬蕴含其中的民族团结进步思想，引导各族群众树立正确的中华民族历史观”等重要指导意见。

2018年，中国申报的“藏医药浴法——中国藏族有关生命健康和疾病防治的知识与实践”被列入联合国教科文组织人类非物质文化遗产代表作名录。同年，由国家档案局组织申报、现保存于西藏自治区藏医院的藏医药学巨著《四部医典》被选入《世界记忆亚太地区名录》，并在2023年成功入选《世界记忆名录》，标志着我国的民族医药成功走向世界。作为民族医药文化的重要载体，古籍文献的发掘整理成为传承和创新民族医药的重要资源。随着藏医药的拉萨北派藏医水银洗炼法、仁青常觉配伍技艺、甘孜州南派藏医药，苗医药的骨伤蛇伤疗法、九节茶药制作工艺等，彝医药的彝医水膏药疗法、拨云锭制作技艺等，傣医药的睡药疗法等大量民族医药技艺入选国家级非物质文化遗产代表性项目名录，标志着民族医药在古籍文献、原创理论、适宜技术、特色药物、成方制剂、经方验方，以及口碑医药史料等方面取得了一定成果，基本复原了藏、苗、彝、傣等民族医药文化的原貌。

本丛书是基于以上民族医药发展背景而成，作为2016年申报批准的国家社会科学基金重大项目“西南少数民族医药文献数据库建设及相关专题研究”（批准号：16ZDA238）项目的重要成果之一，该项目在2023年正式结题并获得结项“良好”评价。丛书同时入选了“十三五”国家重点出版物出版规划项目、2020年度民族文字出版专项资金资助项目。编写组按计划完成了资料搜集工作与实地调研，通过文献收集、田野调查等方式，对藏、苗、侗、彝、傣、壮、土家、纳西等的民族医药古籍和现代文献、原创理论、适宜技术、经方验方、成方制剂等文本，以及口碑医药素材和音视频多媒体资料等收集整理，调研地点包括藏、傣、苗、壮、彝、侗、土家、纳西等少数民族聚居区以及北京、上海等全国信息技术中心、图书馆等，进行了实地调研、考察和学习，最终完成了南派藏医药、彝医药、纳西医药、傣医药等西南少数民族医药文献书目提要丛书五册，分别为：《南派藏医药古籍文献书目提要》《彝医药文献书目提要》《纳西医药文献书目提要》《傣医药文献书目提要》《喀斯特地区少数民族医药文献书目提要》，共搜集相关书籍800余种。其中南派藏医药、彝医药、傣医药均为汉文、民族文字双语版本，包括了藏文、傣文、彝文等医药古籍、经卷、图画、现代书籍等形式。

本丛书包含了藏医药、傣医药、彝医药、苗医药、土家医药、侗医药等内容，具有分布地域典型性，民族文化多样性，内容资料系统性、详实性，选题评述客观性等鲜明的特色。本丛书的出版是第一次以西南少数民族医药文献作为整体并探索其融合交流，以严谨的科学态度挖掘了西南地区的少数民族医药文献历史和文化交流史，体现了中华民族共同体的价值观和文化观，以及人文史料价值、传统文化价值、医药实用价值、潜在经济价值、民族凝聚价值等重要功能，并对其传承、融合和交流的真实性具有重要的意义，具有较高的学术研究价值和现实参考价值，有力地促进了西南少数民族医药文献的保护、传承和创新。

本丛书收集的西南少数民族医药文献资源能够有效促进民族医药理论、文化、药物、诊疗技术等的保护与传承，能够促进民族医药数据的深入挖掘以及数字化信息平台的建设，使其规范化、公开化，从而得到有效利用。同时，也能促进西南不同少数民族医药学科之间的交叉对比，以分析其各自之间的关联性、差异性，以此促进民族医药的发展和创新。

本丛书尽可能地收集了西南地区主要少数民族的医药古籍和现代文献，包括木刻版、手抄本、印刷长条书、经书手稿等，但是对一些珍贵的遗散在民间的古籍文献及民间藏本、抄本的收集整理仍显不足，仍待我们今后继续深入研究。基于本丛书内容，项目组采用了数据库构建设计、数据挖掘和GIS可视化显示技术等方法，构建了西南少数民族医药数字化平台，并上升到文化价值高度，为民族医药文献的抢救性发掘和传承创新提供了多学科新理论和新方法。

本丛书的出版得益于国家社会科学基金重大项目承担单位成都中医药大学的牵头规划，得到了西南民族大学、云南省中医中药研究院、贵州黔东南民族医药研究院、贵州中医药大学、云南中医药大学等民族医药兄弟院所的科研工作者的大力支持。通过整理，初步探索了西南少数民族医药及其文献的相互关系，为开展西南少数民族医药文化交流的内在联系研究提供了极其有益的、可资借鉴的示范研究模式和方法，同时，对推动中国少数民族医药的传承与发展也具有重要的理论价值和实践意义。

编写组

2023年12月

前　言

彝族是一个拥有悠久历史与文化的民族。作为中国人口较多的少数民族之一，彝族世世代代主要居住在川、滇、黔、桂四个省（自治区）。

彝族民风淳朴、文化底蕴深厚。

彝族有自己的历法。彝族先民为了更好地进行农业生产、从事畜牧以及狩猎活动，创造了独具特色的历法——十月太阳历。十月太阳历将一年分成10个月，每月分为36天整，不分大月小月。太阳历演化出了彝族文化，特别是彝医文化的重要内容，在此基础上构建起一套自成体系的理论，并由此产生出彝医临床各科学说。

彝族有自己本民族独特的语言文字与文献资源，彝族的文化遗产丰富多彩、源远流长、成就辉煌。从现在发掘的彝古籍来看，内容涉及天文、地理、文学、艺术、医药等，如著名的《西南彝志》《宇宙人文论》《八卦天文历算》等，彝族文化的明珠“十月太阳历”更是闻名于世。独特的彝族文化、彝族信仰、彝族习俗及其居住地的自然环境，孕育出了独树一帜、内涵丰富的彝族医药文化。据彝文《帝王纪》及《西南彝志》记载，彝族的医药文化可追溯到5 000年以前。在天文历法数理体系指导下，彝族先民“将生命与疾病放入时间与空间中探究”，形成了一套完整的独具民族特色的包含对人体生理、病理、疾病、药物应用认识的理论体系。在彝医基础理论体系中，概括而言，主要有三气理论、清浊二气化生的五行学说、清浊二气六路学说、毒邪理论等。其中三气理论和清浊二气六路学说、毒邪理论乃彝医所独有，是彝医基础理论的核心。彝药性能内容主要有“清浊二气、六味、归路、升降通涩、毒性和功能主治”六个方面，这与中药性能基本内容包括“四气、五味、归经、升降浮沉和毒性等”有很大不同。在诊断和治疗疾病方法方面，彝医也独具特色。如诊断疾病有年月历算法、生辰历算法、耳背测病法、疾病预后推算法等，治疗疾病有气浴法、拍打法、针刺放血等。

在过去，有很多人认为彝族的医药科学性不强，常常将其与巫术、玄学等联系起来。这种观点大多来自外界对彝族祭司——毕摩的看法。自然崇拜、图腾崇拜、祖先崇拜和万物有灵的观念普遍为彝族人所接受。比如，彝族人相信人死后灵魂仍然存在，人的灵魂仍旧会受到疾病的侵扰，因此，彝族人会请毕摩来举行“献药”仪式，而在仪式中毕摩所唱诵的经文就包括《献药经》。毕摩其实不仅仅是祭司，在旧时代，他们还担任着老师以及医生的角色。其中，治病是毕摩的主要职能。毕摩的仪式中不仅涉及念经诵经，实际上还包含许多防病治病的手段。一些经书文献就记载了彝族先民对疾病的认识、预防和治疗等内容，具有一定的科学研究价值。在漫漫历史长河中，彝族人民在与崇山峻岭恶劣自然条件的长期搏斗中所总结出来的医药经验发展并壮大，彝族医药为民族的生存和繁衍发挥了非常重要的作用。

今天，彝医药走出彝区，在更宽广的空间发挥其重要价值。如，在彝医药理论指导下所开发的一系列彝药，包括云南白药、拨云锭、彝心康胶囊、排毒养颜胶囊、灯盏细辛注射液、昆明山海棠片等，不仅畅销国内，有的还远销至欧美和东南亚国家，产生了巨大的社会效益和经济效益。

近现代，有许多专家学者将研究的重心放在彝族医药上，并取得了一定的成果，彝族医药的发展也取得了长足的进步。“传统彝医药”被认定为四川省非物质文化遗产；“彝族医药”是云南省非物质文化遗产；云南彝医特色适宜技术“水膏药疗法”已入选国家级非物质文化遗产保护项目；“彝医药（拨云锭制作技艺）”被列入第四批国家级非物质文化遗产扩展项目；2018年6月，云南彝药“痛舒胶囊”进入美国食品药品管理局（FDA）临床Ⅱ期研究，是我国第一个获FDA批准进入临床研究的民族药。

目前，我国已经成立了两所省级彝医医院，即云南省彝医医院和四川省彝医医院，彝医临床机构的设立在不断完善。基于彝医文献和彝族聚居区的田野调查，彝医火草灸、彝族毕摩苏尼医药等适宜技术的发掘整理等项目得到了国家中医药管理局等的大力支持。

但是，相较于藏医药等其他民族医药的发展，彝族医药的发展相对还比较滞后。彝族医药的传承虽然有文字记载，也有一些古籍记录，但总体而言仍然依靠口口相传、师承制等方式传承至今。就整个民族的医药卫生事业发展来看，目前彝族医药依然存在体系不完善、人才缺乏、知名度不高、资源整合度较低等问题。为进一步整理和发掘彝族医药文献宝库，方便学者们研究探讨，本书收录了包括彝医药经典古籍以及西南民族大学彝学文献中心毕摩手抄经文在内的诸多古今文献，希望能为彝族医药工作者及研究者提供一些参考，为彝族医药的传承及发展敬献一份薄力。

[illegible]

[illegible]

[illegible]

[illegible] 36 [illegible]

[illegible] 5000 [illegible]

[illegible]

[illegible]

[illegible]

[illegible]“[illegible]”[illegible]；“[illegible]”[illegible]；“[illegible]”[illegible]；“[illegible]（[illegible]）”[illegible]；2018[illegible]6[illegible]“[illegible]”[illegible]（FDA）FDA[illegible]，[illegible]FDA[illegible]。

[illegible]

[illegible]

凡　例

（一）条目著录说明

1．本书文献书目的分类，主要按成书年代先后顺序，分为古籍和现代出版物两大类。

2．本书所收载古籍文献，多采用经后人整理翻译的现代出版版本，原成书年代已说明。

3．凡一书多名的现象，均选择使用该书目出版物名称作为正名，其他名称反映在该书目的简介中。

4．本书所收录文献书目，每一条大体均由页数、作者、出版社、内容简介及价值评述等部分组成。若无公开出版物，则在简介中标注成书时间。

（二）内容结构

本书收录文献书目，每一条内容包括书目的基本内容和书目价值评述。

1．基本内容

基本内容包括书名，册数，卷数，页数，著者，出版信息（出版社，出版年代），古籍注明成书年代（部分古籍成书年代不详，未予以注明），该书目内容概述等。

2．书目价值评述

从书目的文献价值、医药价值等方面对该书目进行客观评述。

（三）编排体例

本书收录书目按照以下原则进行编排：

1．已经出版的书目按照出版时间的先后顺序在每一类别中进行编排。

2．古籍按照成书的先后顺序进行编排，现代翻译版本按原书成书年代进行编排，如若成书年代不详，则按书名首字母顺序放在“古籍与毕摩经书手稿”一类的后面。

ꌧꌐꀕꁱ

（ꋍ）ꀒꑍꀕꅉꊿꄜꀨ

ꋍ. ꆏꃅꊿꉢꇁꂷꑟꀒꁱꌋ,ꆏꃅꅑꉻꂵꌠꉆꅉꆹꌪꐚꇐꅉ,ꀒꇬꁮꀖꌕꑟꇬꋎꐚꆹꆏꃅꀧꐥꃅꄒꐛꃤꅉꆹꉆ。

ꑍ. ꆏꃅꊿꉢꌠꌕꑟꆏꃅꊈꀕꇁ，ꐥꅍꌐꀃꀕꐚꀙꆹꉆꀨꃀꅉꀕꐛꑳꊿꋨꅑꅉꀙꀕ，ꅑꃀꆏꃅꅑꋨꉻꂵꑝ

ꅉꄜꀨꅉꀨ。

ꌕ. ꆏꃅꋍꉢꀕꊮꐥꅍꐛꉆꉢꀻꀕꌋ，ꌟꐥꑟꆏꃅꊿꉢꂷꑟꌠꅐꅉꀕꊮꀨꀕꊮꀦꉆꅉ，ꐥꀟꊮꀻꀕꌋꑟꆏ

ꃅꊿꉢꂷꑟꀙꐤꉆꐤꁮꌠꊈ。

ꇖ. ꆏꃅꊿꉢꌠꂷꃅꅉꀕꌕꑟꂷꑟꇁ，ꀙꐤꉆꋍꌪꅪꉻꌟꐥꅉꈀꄕ、ꀕꀑ、ꆏꃅꅐꁮ、ꀑꀋꀙꐤꐤꇬꐛꃅꀋ

ꇁꃅꃅꃅꀧꊈꅍꐛꉆꀑ。ꅉꀕꐥꀋꐤꆹꅉꅐꅉꀕꐤꀕꀍꌋ，ꀙꐤꉆꐤꁮꌠꅉꆏꃅꈌꋨꊈꋍꀙꀕꅉ。

（ꑍ）ꀑꀋꈌꁱ

ꆏꃅꊿꉢꂷꃅꅉꀕꌕꑟꆏꃅꂷꑟꌋ，ꀑꀋꋍꀕꀕꌋꀊꀖꀑꁮꐛꑟꃅꀋꄜꀕ。

ꋍ. ꀊꀖꀑꀋ

ꀊꀖꀑꀋꀑꀕꌋꆏꃅꀕꌠꇁ，ꊈꅍꉢ，ꊈꅍꀕ，ꊈꅍꀕ，ꀕꀑ，ꅐꌐꂵꀖ（ꆏꃅꅐꁮ，ꅐꌐꉻꀨ），ꐥꀖꌕꑟꆏ

ꈌꋨꊈꋍꀙ（ꋍꀦꀕꀦꌋꊈꋨꅑꀕꌟꀕꀑ，ꀙꀕꀕ），ꂷꑟꌠꅉꆏꃅꊿꉢꊈꐤꉆꀑꀋꐤ。

ꑍ. ꆏꃅꂷꑟꀨꃅꃅ

ꆏꃅꂷꑟꌠꌕꑟꃅꀋ、ꀕꊿꀻꊿꀨꃅꇬꊈꅍꀕꌠꅉꆏꃅꂷꑟꇁꅉꀖꉆꅉꀨꃅꇁꃅ。

（ꌕ）ꀒꌐꀕꀋꅉꀖ

ꆏꃅꊿꉢꀍꃅꂷꑟꇁꌟꁱꁱꌠꉢꅉꀒꌐ：

ꋍ. ꆏꃅꅑꀕꀍꀦꌋꆏꃅꅐꋨꋨꐤꀕꅑꌠꉢꅉꅍꀕꑳꌠꅉꀒꌐ。

ꑍ. ꐥꀖꆏꃅꌕꑟꌋꆏꃅꈌꋨꌠꀕꅑꌠꉢꅉꀒꌐ，ꐚꀙꀨꅉꉆꆏꃅꀦꉆꌋꅑꀖꆏꃅꉢꉆꋨꌠꅉꀒꌐ，

ꀕꐥꐥꊈꋨꅑꉆꌟꀕꀑꌋ，ꆏꃅꊮꌋꀕꉆꄜꉆꀕꌠꉢꅉ“ꉆꐥꀖꆏꃅꌕꑟꇬꐛꈀꆏꆏꃅꌟꀕꅉ”ꐚꀖꅉ。

目　录

古籍与毕摩手抄经文

现代出版物

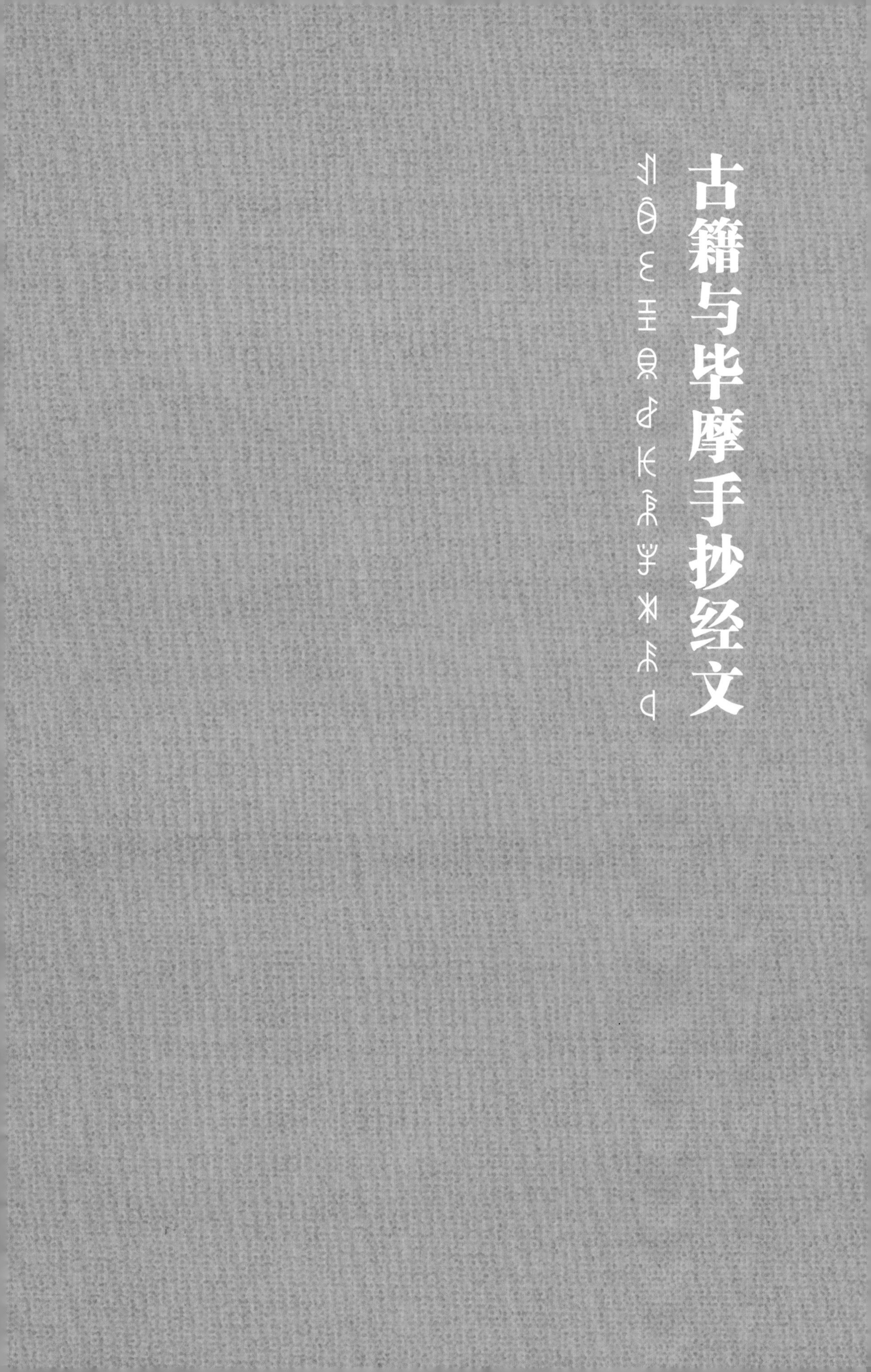

古籍与毕摩手抄经文

《彝文〈作祭献药供牲经〉译注》

[illegible]

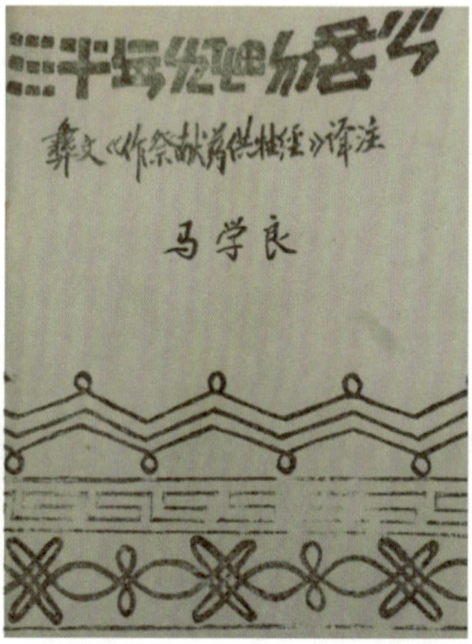

图1 《彝文〈作祭献药供牲经〉译注》封面

共1册，113页。马学良编译（图1、图2）。彝文原著成书于明嘉靖十四年（1535）；1947年翻译出版。《作祭献药供牲经》简称《献药经》，是彝文古籍文献《作祭经》中的一个部分，是彝族毕摩在进行“药祭”时，亲属祭奠死者时所吟唱的经文。全书共分为48个小节，有万余字，从死者的父母结合、胎儿发育、幼儿成人，一直叙述到年老病故。其间穿插着许多医学思想，疾病名称，药物采集、加工、炮制、煎煮、配合等内容，毕摩向死者献药的目的是使人死后亦能用医药与疾病作斗争以减少亡者在阴间的病痛。此书不仅提供了古代彝族社会的医药资料，也充分记录了彝族的古老风俗。书中记载了较为丰富的彝医动物药及植物药，并且还记录了一些疾病的名称，是研究彝族社会当时的流行病和多发病的直接资料。《作祭献药供牲经》虽具有浓烈的宗教色彩，但同时也是一部难得的彝族医药文献，具有一定的研究和参考价值。

[illegible] 1 [illegible]，113 [illegible]。[illegible]。[illegible] 14 [illegible]；1947 [illegible]。

1．文献价值

“作祭”是彝族人追悼亡灵最大的典礼，《作祭献药供牲经》是彝族《作祭经》中的一部分，是彝族毕摩进行“药祭”时，亲属向死者祭奠献药时所吟唱的经文。据说，死者经过作祭后在阴间才能消除疾苦，走入光明之路，否则就永远沉沦于地狱中，受魔鬼折磨。人已经死了，为什么还要献药呢？这是唯心的思想在古代彝族人脑海中占主导地位而形成的一种习俗。古代彝族人认为人虽然死了，但死者的灵魂是不死的，不死的灵魂是会带着疾病受苦的，因此，作祭时要

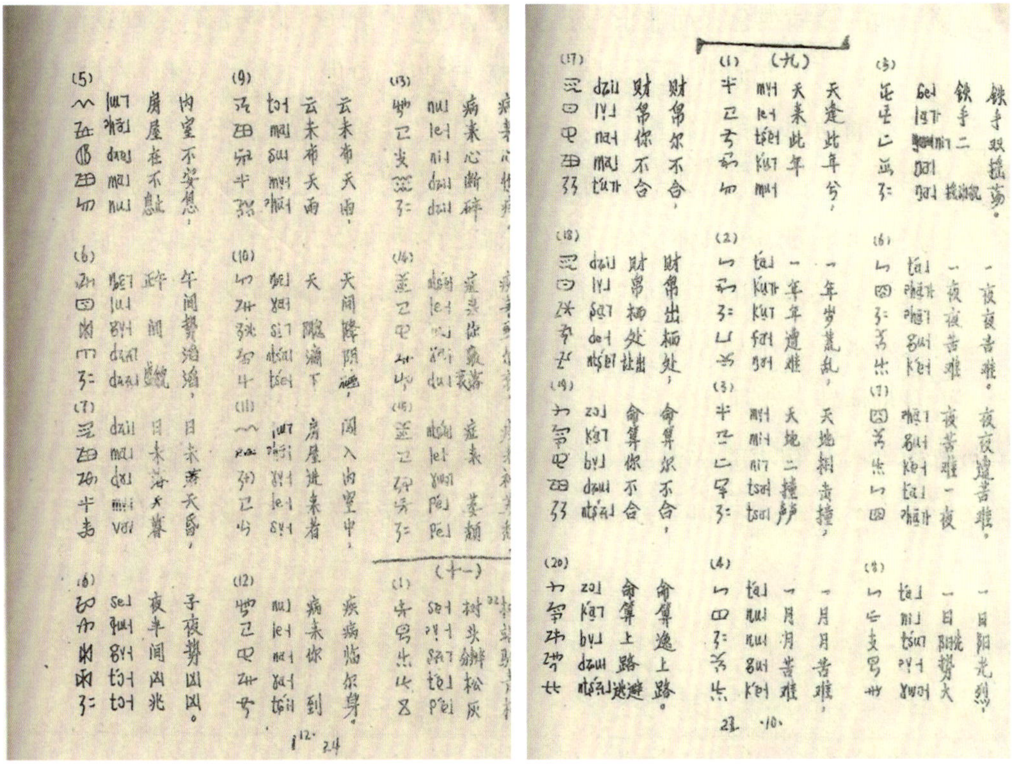

图2 《彝文〈作祭献药供牲经〉译注》部分内容

献药为死者医病。这本《彝文〈作祭献药供牲经〉译注》是马学良教授根据云南禄劝县安东康村彝族毕摩张文元家手写本翻译的，于1947年出版，此彝文版本为清初的写本。本书保留了原书彝文的书写，然后在每一句经文旁附注汉文翻译，因此，对于彝族文字的研究是一个重要的依据。同时，从彝文经典中可以看出古代社会的礼俗、生活状况等，在《作祭献药供牲经》中也有关于当时彝族社会的颇多记载和反映，是研究彝族社会历史的一条重要途径。除此之外，作为吟唱出来的经文，《作祭献药供牲经》还具有文学色彩，本书从头到尾基本都是以五言诗书写而成的，并且还有许多生动的比喻，将其作为一部文学作品来看，也是研究彝族古典文献文学技巧和毕摩经文的重要资料。

2．医药价值

《作祭献药供牲经》中提到“自古药有九十九，病有一百二十种”，并且列举了具体的病症和药物，既包含有动物药，也包含了植物药，记载有动物胆类药28种，动物肉类药39种，植物药9种，所述功效较为明确。该书体现了古代彝族人以药治病的疾病观念，而非世人普遍认为的巫术治病。以药治病的观念渗透到宗教仪式中，反映出这种观念对彝族的影响是巨大的。其次，《作祭献药供牲经》中记载的动物药和植物药，使人们对当时彝族的医药状况有了较为客观和具体的认识。其中包含的一些药物的采集、加工炮制和功效的叙述，也是对当时社会药物使用水平的一种具体反映。《作祭献药供牲经》中还有一段关于胎儿孕育过程的经文，用形象的比喻形容了一个人出生前在其母体中发育成长的过程："一月如秋水，二月尖叶草，三月如青蛙，四月四脚蛇，五月山壁虎，六月如人形，七月母体转，八月母气合，九月母怀抱"，体现了当时的彝族人对胚胎的发育过程已经有了初步的认识。《作祭献药供牲经》虽然具有较为浓烈的宗教色彩，但其中不乏关于医药内容的记载，是一部非常宝贵的彝族医药古籍文献。

《西南彝志》

[illegible]

彝文原著分大、中、小卷，大卷4册，中卷2册，小卷4册，译本13册26卷。佚名撰，据考为古代罗甸水西热卧（今贵州省黔西县境内）土目家的一位摩史所编纂；王运权、王仕举整理翻译。彝文原著成书年代不详，推测成书于1664—1729年。1982年贵州省民族研究所与毕节地区彝文翻译组联合选译的《西南彝志选》汉字五言诗歌本，由贵州人民出版社出版（图3）；1988—2015年，由王运权、王仕举整理翻译的13册26卷《西南彝志》，陆续由贵州民族出版社出版（图4）。彝文手抄本今藏北京民族文化宫图书馆，云南中医药大学图书馆藏有译本第十九至二十六卷，各1册。全书26卷，290个章节，73 000多行，约37万个古彝文字，于明末清初编纂定稿。内容涉及天文、历算、语言、文字、医药、冶炼、兵器制作、生活用具制作、工艺、畜牧、狩猎、农耕等各个方面。

[illegible]

图3 《西南彝志选》封面

图4 《西南彝志》封面

1. 文献价值

《西南彝志》是目前篇幅最长、字数最多的彝文史籍，主要反映古代彝族对宇宙和人类万物起源的认识及彝族古代社会的经济、政治、文化生活。因此，《西南彝志》也被称为彝族古代社会的百科全书。通过本书，可深入了解彝族古代社会历史情况，对研究彝族具有重大的史料价值。此外，《西南彝志》为彝族传统古籍通行的五言诗句，不但有很高的历史价值，同时还具有很高的文学价值。

2. 医药价值

《西南彝志》第四卷中论人体和天体、论人的气血的篇章记载了彝族医药知识。论人体和天体，论述了人体与天体的对应关系，天有五行，地有五行，人亦有五行，五行间具有生克制化的离合关系，清浊二气的含义和特征，八卦各个卦象在人体所属的部位。论人的气血，讲述了人体三条清气气路和三条浊气气路的循行部位。这些论述是重要的彝医基础理论，渗透有五行观、天人合一观，对研究彝族医学发展有重要参考价值。

《明代彝医书》

[illegible]

图5 《明代彝医书》封面

共1册，53页。佚名撰。方文才、关祥祖、王步章、郭云仙编译注释。彝文原著成书于明嘉靖四十五年（1566）；译本由中国医药科技出版社于1991年12月出版（图5）。该书又名《齐苏书》，是一本彝文抄写的著作，因成书于明代，所以称为《明代彝医书》。该书经多次抄录，民国五年（1916）的抄本，于1979年在云南省楚雄州双柏县被发现，故又称为《双柏彝医书》，为目前发现的最早的一本彝族医学古籍。该书记载疾病59种（内科疾病31种，儿科疾病2种，外科疾病17种，妇科疾病4种，眼科疾病1种，伤科疾病4种）；药物231味（动物药79味，植物药140味，矿物药12味）；方剂226首（汤剂133首，散剂3首，兑酒服19首，酊剂5首，外用剂66首）。

[illegible]

1．文献价值

《明代彝医书》是对16世纪以前彝族人民医药经验的总结，是内容较丰富的彝族医药专门书籍。彝族的医药经验，多数散存于各种经书、史书中，比较零星片断。而《明代彝医书》在近五万字中，详细说明了多种疾病的治疗药物和使用方法。

2．医药价值

书中记载的疾病和药物，都具有很强的民族性和地方性，十分珍贵。《明代彝医书》的出现，充分说明了16世纪中叶彝族医药已取得很大成就，证明了当时主要以行医为业的彝族医生已经出现。他们在治疗疾病过程中，已经有意识地收集本民族的医药知识，并将其归纳、整理为专门的药方专书。这种提高，既概括了医药知识，又具有指导人们行医治病的作用。它所记载的疾病是彝区常见的、多发的；它所记录的药方和治疗方法是彝族人民迫切需要的。正因为如此，它才在很困难的环境下，辗转传抄，流传了四百多年而不失传。国内有研究彝族医药的学者把《明代彝医书》的发现称为“彝族医药史研究中的第一次重要发现”。

《造药治病书》

《[illegible]》

共1册，19页。佚名撰。沙光荣译，郝应芬、李耕冬整理。推测原著成书于16世纪末17世纪初。凉山彝文本，今藏四川省凉山州甘洛县语言文字工作指导委员会；该书彝语音译名为《此木都且》或《此母都齐》。该书收载疾病名称142种，包括内科、外科、妇科、儿科、五官科、伤科及其他杂病，还有许多畜病。内科疾病包括哮喘、咳嗽、头昏、眼花、心发慌、虚瘦病、风湿和风毒、腹痛、胃痛、腹泻、痢疾、肝病、肺病。外科疾病包括疮疡类、皮肤病类、外伤类等。眼科疾病包括胬肉攀睛、迎风流泪、火眼、飞丝、视物不明、外伤。妇科疾病包括月经过多、胎衣不下、妊娠恶阻、不孕证、产后腹痛等，还记述了避孕方法。儿科疾病包括麻疹、夜啼哭、夜尿、乳糜尿。杂病包括疟疾、牙痛、肾痛、恶性传染病（瘟病）等。记载药物201种，包括植物药127种，动物药60种，矿物药和其他药物14种。在治疗方面还记录了一些简易的外科手术方法和拔筒法、灸火法及其他治疗手法。此外，还记载了大量兽医治疗方法。

[illegible] 1 [illegible]，19 [illegible]。[illegible]；[illegible]、[illegible]。[illegible] 16 [illegible] 17 [illegible]。[illegible]，[illegible]。[illegible] 142 [illegible]，[illegible] 201 [illegible]。

1．文献价值

该书发现于四川省甘洛县，原文全书用凉山彝文书写而成，给学者提供了研究凉山老彝文的资料。

2．医药价值

本书反映了凉山彝医的特点，不论在用药方面还是在治疗方法上都与云南的彝医有一定的区别，体现了地域、环境和文化对不同地区彝族医药的影响。此书为研究凉山彝族医药学提供了文字依据。

注：编者未见原书，相应内容整理、摘自方文才、关祥祖、王步章所著的《彝族医籍录》。

《启谷署》

《[illegible]》

图6　《启谷署》封面

共1册，162页。佚名撰。《启谷署》成书年代不详，推测可能在清康熙三年（1664）至雍正七年（1729）间。译本由中国医药科技出版社于1991年12月出版（图6），王荣辉、关祥祖主编，晏和沙翻译。本书记载有5门、38类疾病，263个方剂。其中，内科门有传染病、呼吸、消化、循环、泌尿、生殖、神经等7类；妇科门有调经、带下、妊娠、产后、乳症、杂病等6类；儿科门有传染病、胃肠炎、疳积、杂病等4类；外科门有痈疽、结核、疔疮、梅毒、疥癣、黄水疮、臁疮、跌打损伤、虫兽咬伤、破伤风、火烫伤、头面疮、肾囊、疝气、杂症等16类；五官科有割耳疮、眼病、口齿、咽喉、鼻病等5类。

[illegible] 1 [illegible]，162 [illegible]。[illegible] 1991 [illegible] 12 [illegible]。《[illegible]》[illegible]（1664 [illegible]）[illegible]（1729 [illegible]）[illegible]。[illegible] 38 [illegible]，[illegible] 263 [illegible]。

1．文献价值

彝医的“五体（筋、心、肉、骨、血）说”，在该书中有较为丰富的记载，可作为构建彝医基础理论的文献依据。

2．医药价值

全书263个方剂中，治疗“体伤”的药方有158方，约占总数的60%。其特点有四：一是摆脱同类彝医古籍原始而简单的方剂配伍模式，方剂配伍比较完善；二是临床疗效记载相对细致，是一部临床价值较高的彝医书，据称本书所载内容经后人临床验证，有效率达95%以上，是研究彝族传统医学很有参考价值的一部文献；三是吸收中医药学内容比较明显，理法方药内容记述相对完善；四是反映出中、彝医理论指导下单方验方应用的特色。

《彝族治病药书》

《[illegible]》

册数、页数、作者不详。据考证，原著属清康熙三年（1664）之作，现存本抄于光绪三十二年（1906）。书中记载疾病40余种，列举病例216例，其中内科62例、儿科14例、外科69例、妇产科14例、传染科30例、解毒5例、其他22例。附方263首，方中涉及药物384种，其中植物药290种、动物药79种、矿物化学类药15种。

[illegible]（[illegible]1664[illegible]）[illegible]（[illegible]1906[illegible]）。[illegible]263[illegible]，[illegible]384[illegible]。

1．文献价值

《彝族治病药书》发掘于云南江城县，是彝医传统文献中难得留存下来的清末期抄本，具有研究和保存价值。

2．医药价值

该书所记药物多数是沟边路旁、田头地角、村前村后容易找到的野生植物和水池林间经常栖息的动物，是了解当地的常见病、多发病，以及当地彝医用药情况的第一手资料。

注：编者未见原书，相应内容整理、摘自《彝族古文献与传统医药开发国际学术研讨会论文集》。

《医病书》

《[illegible]》

共1册，29页。佚名撰。彝文原著成书于清雍正八年（1730）；译本由中国医药科技出版社于1991年12月出版，关祥祖、方文才、王步章、钱应喜编译注释（图7）。该书名彝语音译为《努苦苏》。书中记载了49种疾病，包括内科病29种，妇科病6种，儿科病2种，外科病5种，眼科病3种，伤科病4种。

书中记载药物103种，包括植物药72种，动物药31种。载方剂70首，其中汤剂52首，酒剂14首，外用剂4首。

图7 《医病书》封面

[illegible] 1 [illegible]，29 [illegible]。[illegible]；[illegible]、[illegible]、[illegible]、[illegible]。[illegible] 1991 [illegible] 12 [illegible] 103 [illegible]，[illegible] 49 [illegible]。

1. 文献价值

该书发现于属彝语北部方言区的滇西北禄劝县，体现了北部方言区的记述特点。

2. 医药价值

该书内容主要是介绍药物功用和单方、验方，因而本书体现的是彝语北部方言地区的用药经验和用药特色，是研究北部方言区彝族医学的重要古籍文献。

《老五斗彝医药抄本》

《[illegible]》

存卷及页数不详。成书于清雍正十一年（1733）岁末。申姐咩巴撰，家支后裔大毕摩、彝医传人维巴抄写于民国三年（1914）。彝语旧抄本，今藏云南省新平彝族傣族自治县老五斗村罗武寨李文政家；本书彝汉对译本，收录于《哀牢山彝族医药》。该书是1987年聂鲁、赵永康二先生在云南省新平彝族傣族自治县老五斗村一带发现的。此书记载疾病53种，其中内科疾病17种，伤科疾病5种，外科疾病18种，妇科疾病4种，虫咬伤4种，中毒性疾病2种，儿科疾病3种。记载针刺部位5处：人中、七宣、百会、涌泉、太阳。另有火罐拔毒的内容。记载动物药123种，包括胆类药11种，肺脏3种，肝脏4种，脂类5种，血类3种，肾脏1种，骨灰12种，胎类2种，肉类15种，分泌物18种，卵类8种，昆虫类23种，皮毛类9种，蛙蛇类9种；植物药236种，其中树脂类9种，果子类13种，块茎类15种，饮食类5种，草木类194种；金属化学类药物21种。方剂301首。

[illegible]（1914[illegible]）[illegible]

1．文献价值

该书为云南省新平县发现的一本成书于清朝的老彝文彝医书，该地区属南部方言区，该书体现了该地区的记述特点，是研究彝语南部方言区医药发展的重要文献。

2．医药价值

该书记载的动物药中昆虫类、胆类及分泌物类药物较多，记载毒蛇咬伤的疾病较多，反映出区域性的用药特点及多发病、常见病。同时本书的一个显著特点是记载有针刺部位内容，说明彝族针刺疗法是自古以来的传统治疗方式。该书是研究彝族南部方言区的医学流派和发展情况难得的文献。

注：编者未见原书，相应内容整理、摘自方文才、关祥祖、王步章著的《彝族医籍录》和徐士奎、罗艳秋编著的《彝族医药古籍文献总目提要》。

《医病好药书》

《[illegible]》

图8 《医病好药书》封面

共1册，84页。佚名撰。彝文原著成书于清乾隆二年（1737）；译本由中国医药科技出版社于1991年12月出版，关祥祖、方文才编译注释（图8）。该书名彝语音译为《可雎崇梭尼》。原书为彝文手抄本，抄写者未署名，发现于云南禄劝彝族苗族自治县茂山乡甲甸。该书记录了123种病症，包括内科疾病49种，妇科疾病13种，儿科疾病16种，外科疾病16种，伤科疾病13种，眼科疾病4种，中毒性疾病5种，意念性疾病7种；收载426种药物，包括动物药152种，植物药269种，矿物药5种；收载280首方剂，包括酒剂24首，蒸剂10首，汤剂188首，外用剂58首。

[illegible]

1．文献价值

该书是彝族医药古籍文献中内容较为丰富、记载较为完备的一部医学著作，是迄今发现的明清彝族医书中收载药物较多的彝文医药古籍。

2．医药价值

书中所载动、植物彝药总数居明清各种彝医书之首，并最先收载了推拿、刮痧、拔罐疗法。书中记载了较多的病症名称，对研究和了解当时彝族地区的多发病和流行病有很大帮助。

《医药书》

《[illegible]》

共1册，19页，佚名撰。该书第一次传抄于清乾隆十年（1745），现存本抄于民国五年（1916）。该书记载药方75个，其中包括治风邪药方6个，治疮类药方5个，治胃痛腹胀类药方8个，治出血类药方4个，治五官类药方9个，治蛇咬药方6个，治刀伤、骨折等药方10个，治体虚类药方7个，治妇科药方3个，治伤风感冒药方9个等。每个药方的服用方法均有具体说明。

[illegible] 1 [illegible]，19 [illegible]，[illegible]。[illegible]（1745 [illegible]），[illegible]（1916 [illegible]）[illegible]。[illegible] 75 [illegible]。[illegible]。

1. 文献价值

该书和《老五斗彝医书》《三马头彝医书》《洼垤彝医书》同属彝语南部方言哀牢地区彝药典籍，因而是研究彝族南部方言区医学流派和发展情况的难得的文献。

2. 医药价值

书中记载的药方中用药大多数为彝族地区常用药物，且对用法有具体的说明，对现代临床研究具有一定指导意义。

注：彝语旧写本，今藏云南省社会科学院楚雄彝族文化研究院；编者未见原书，相应内容整理、摘自徐士奎、罗艳秋编著的《彝族医药古籍文献总目提要》。

《元阳彝文古籍医药书》

《[illegible]》

共1册，158页。元阳县民族宗教事务局、元阳县彝族研究学会编。云南民族出版社2016年1月出版（图9、图10）。书中收录了187个彝药原植物、动物彩色图片，药名彝、汉文对照；记载了癫痫病、肠梗阻、出鼻血、产妇流血等99个常见病例和116个珍贵药方。

[illegible]

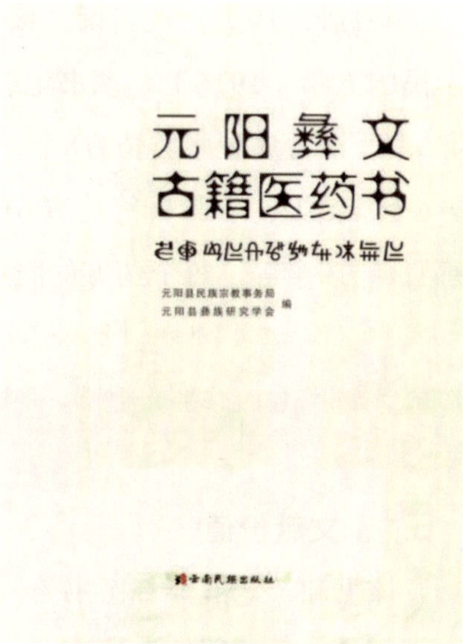

图9 《元阳彝文古籍医药书》封面

1．文献价值

本书是一本成书于清道光八年（1828），距今近200年的彝文古籍医药书，通过整理、翻译，用彝、汉两种文字整理出版。

2．医药价值

通过本书可管窥当时彝族先民的疾病防治水平，同时也是了解清代以前彝族药物、医疗技术及当时常见病的第一手资料，有特别的学术价值。

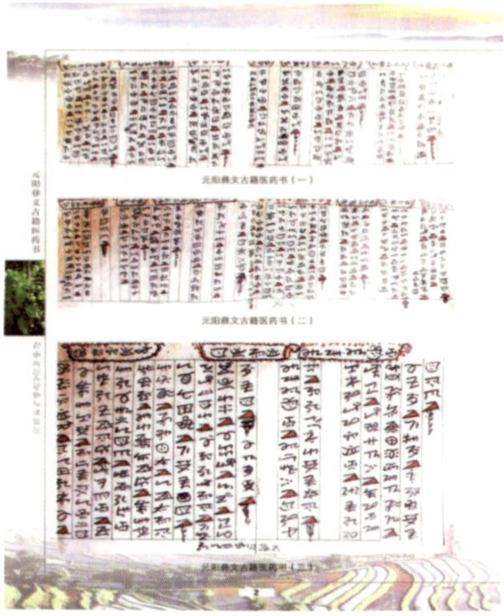

图10 《元阳彝文古籍医药书》部分内容

《元阳彝医书》

共1册，13页。佚名撰。此书首页记载成书于道光二十二年（1842）。彝文旧写本，今藏元阳县卫生局。该书是1985年在云南红河州元阳县攀枝花公社彝族社员马光福家发现的，以发掘地命名。全书通篇没有巫术咒语、符章之类记载。书中收载动、植、矿物药462种，病症86种，药方248个，以及一些简易的外科手术。每种病症都有治法、方药，有的还记录了效果和服药中毒后的解救药方。书中所列病症多为彝族山寨的常见病、多发病；所列药物更是当地的野生植物和山林中经常出没可以入药的动物。书中一般都是一病数方，一方几药，一药多用。

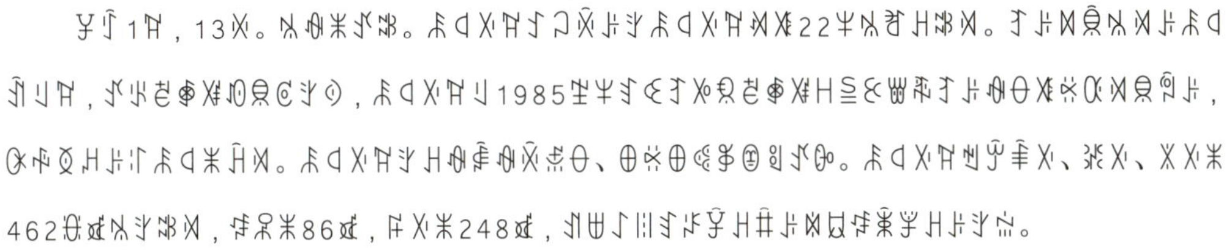

1．文献价值

该书为彝族医药相关古籍文献中少有的没有包含巫术咒语类内容的一本专门的医药书籍，是对当地彝医用药和治病经验的一种提炼总结。

2．医药价值

该书80多个病症和240多个药方的记载，反映了当时彝族先民的疾病防治水平，也是了解彝族药物、医疗技术及当时常见病的第一手资料，无论是从用药研究还是医学人类学研究方面来看，该书都有特别的学术价值。

注：编者未见原书，相应内容整理、摘自方文才、关祥祖、王步章所著的《彝族医籍录》和徐士奎、罗艳秋编著的《彝族医药古籍文献总目提要》。

《医算书》

[illegible]

存卷及页数不详。佚名撰。成书于晚清。今藏西昌彝族医药研究所。《医算书》是流传在四川凉山州的一本较有影响的医药书籍，它是彝族根据太阳十月历和阴阳历来推算病人的年龄、禁日和衰年的一部著作。书中系统记载了针刺的时日禁忌思想，强调要进行针刺都必须看日子，看是否是禁日或禁时；如果违反禁时或禁日，不仅治不好病，反而会发生危险。书中记载了大量疾病治疗方法，如熊胆点眼治疗眼睛伤痛，内服杉木鱼（羌活鱼）胆治疗胃脘痛等。《医算书》记载动物药9种（其中胆类药7种），植物药1种，矿物药2种；记载治法8种，如内服、外擦、滴液、熏蒸等。

[illegible]

1．文献价值

该书是奴隶社会彝文文献中，保存下来的一部较为珍贵的医药资料，也是记载彝族医算内容较为完整的一部书籍。

2．医药价值

书中记载的针刺禁日思想可能具有时间生物节律科学的某些内涵，值得进一步整理研究。书中的药物治疗，是作为万一在禁日中施行针刺损伤身体的应急治疗使用，不仅说明了彝族使用药物治疗的思想和方法，还证实了彝族医算的目的是治疗、防病。并且医算与药物治疗是共存互用、不可分割的。

注：编者未见原书，相应内容整理、摘自方文才、关祥祖、王步章所著的《彝族医籍录》。

《三马头彝医书》

《[illegible]》

存卷及页数不详。佚名撰。据考证，此书属晚清彝族医学著作。该书是1986年在云南省玉溪地区元江哈尼族彝族傣族自治县洼垤三马头李四甲家发现的。该书记载疾病69种，包括内科疾病41种，妇科6种，儿科1种，外科16种，喉科1种，伤科1种，中毒性疾病3种；记载药物263种，其中动物药81种（肉类20种，胆类10种，血类6种，皮毛类14种，脂类2种，分泌物8种，胎类3种，昆虫类9种，蛙蛇类9种），粮食及化学类15种，植物药168种。该书除记录药物与病症外，还记载有不少独特疗法，如刮痧、针刺、拔罐、割治、按摩、正骨以及中毒抢救方法。正骨手法是先针刺放血，后用按、摩、揉、擦、推、拉、旋、搓等进行复位，再行敷药。

[illegible]

1．文献价值

该书成书于晚清，是彝族医学的专门著作，是彝族传统医药知识的经典之一。

2．医药价值

该书的特点是记载的药物中胆类、血类药较多，同时也记载了中毒的抢救方法。书中某些独特疗法的记载，表现出彝医传承至今的一些治疗适宜技术，使这些临床治疗疗法有迹可循，对研究彝族医药传承与发展具有重要意义。

注：编者未见原书，相应内容整理、摘自《彝族医籍录》（方文才、关祥祖、王步章著）和《彝族古文献与传统医药开发国际学术研讨会论文集》。

《洼垤彝族医药抄本（一）》

《[illegible]（[illegible]）》

存卷及页数不详。佚名撰。据考证，此书属晚清彝族医学著作。彝文手抄体全书内容收录于《彝族医药学》（云南民族出版社，1993年），彝汉对译本收录于《哀牢山彝族医药》（云南民族出版社，1991年）。书中记载疾病69种，包括内科44种，妇科6种，儿科2种，外科13种，伤科1种，虫兽伤1种，中毒性疾病2种；药物336种，其中动物药75种（脑类2种，脂类3种，肉类6种，骨类9种，皮毛类8种，分泌物类10种，胆类9种，内脏类6种，胎类6种，生殖器类3种，鱼蛇类6种，昆虫类7种），植物药261种（寄生类14种，参类12种，树皮类19种，草木类216种）。

[illegible]

1．文献价值

该书手抄本是1986年在云南省玉溪地区元江县洼垤李四甲家发现的，对于研究彝族南部方言区的医学流派和发展情况是难得的文献。

2．医药价值

该书的特点是在记载的疾病中，内科疾病较多，还记载了误吞异物的抢救方法及虫兽伤的治疗方法。在动物药中使用胎类、生殖器类及分泌物类药物较多。在植物中使用参类、寄生类、树皮类药物居多。所用药物大多就地取材，简便易得。除此之外，还记载了针刺、取穴、火罐疗法、中毒急救等内容。

注：编者未见原书，相应内容整理、摘自方文才、关祥祖、王步章所著的《彝族医籍录》和徐士奎、罗艳秋编著的《彝族医药古籍文献总目提要》。

《洼垤彝族医药抄本（二）》

[illegible]

存卷及页数不详。佚名撰。据考证，此书属晚清彝族医学著作，手抄本抄写年代不详。彝文手抄体全书内容收录于《彝族医药学》，彝汉对译本收录于《哀牢山彝族医药》。书中记载疾病53种，包括内科31种，妇科3种，儿科1种，外科2种，伤科8种，虫兽伤5种，中毒性疾病3种；涉及药物264种，其中植物药168种，动物药81种（肉类20种，胆类10种，血类6种，皮毛类14种，脂类2种，分泌物类8种，胎类3种，昆虫类9种，蛙蛇类9种），粮食及矿物类药15种。

[illegible]

1．文献价值

该书手抄本是1986年在云南省玉溪地区元江县洼垤李荣春家发现的，与《三马头彝医书》发现于同一地方。但从记载的疾病和药物来看各有特色，两书不是互相转抄之作。该书的内容对于研究彝族南部方言区的医学流派和发展情况具有特别的意义。

2．医药价值

该书内容丰富，收载了多种疾病类型，证明彝族先民已对各种疾病有了较为清晰的认知。该书涉及药物众多，具备较高的临床实用价值，对研究传统彝族医药学具有重要意义。此外，该书还记载了不少特色疗法，包括刮痧、针刺、正骨等，体现了彝医治病特点。其中收载的治病疗疾方法及方剂，为现代彝族医药学的研究提供了一定的参考。

注：编者未见原书，相应内容整理、摘自徐士奎、罗艳秋编著的《彝族医药古籍文献总目提要》。

《聂苏诺期》

《[illegible]》

共1册，153页。《聂苏诺期》是彝族医药书，是彝族人民用彝文手抄而成，代代相传增补积累，内容较为丰富，经过传抄充实和在实践中不断发展，逐步成为彝族医药学著作。本书是根据新平县老厂河竜者所著的彝文抄本《彝族医药之书》和流传迤施河一带的彝文抄本《彝族医药》两书整理翻译而成。聂鲁、赵永康、马光发、徐金富翻译整理，云南民族出版社于1988年7月出版（图11）。本书包含了273种彝族药物、134个方剂，分别对应53种病症。经过该书翻译整理者的初步学术鉴定和临床观察，肯定其中包含的医药内容有一定疗效，所得标本具有科学性和可靠性，具有一定的实际应用价值。

图11　《聂苏诺期》封面

[illegible]1[illegible]，153[illegible]。[illegible]；[illegible]，1988[illegible]7[illegible]。[illegible]273[illegible]，[illegible]134[illegible]，[illegible]53[illegible]。

1．文献价值

《聂苏诺期》是一本彝族人民用彝文手抄，代代相传且不断增补流传下来的彝族医药古籍。《聂苏诺期》的手抄本很多，一般来看距今越近的手抄本记载内容越多，也符合实践中不断补充总结和发展的规律。本书是该书编者根据新平县老厂河搜集到的竜者所著民国八年（1919）的抄本，和流传于迤施河一带的民国十年（1921）的抄本，历经数年调查核实，并运用现代分类学的方法进行了品种鉴定，对部分药物还进行了临床验证，数次校正之后编写而成。该书不仅体现了古籍文献的传统内容，也包含现代的分类鉴定和科学内涵。

2．医药价值

本书按病症分类记载收录彝族药物，这些病症大多是彝族聚居区域的常见病，书中收载的方剂中所用药物也大多是就地取材，简便易得，具有一定实用价值。本书还对94种常用彝族药物的汉文名、彝文名、基源、药用部位、性味、功能主治、用法用量等有较为全面的记述。并且在本书最后一章，以笔画为顺序，编辑了常用的彝族医药药物名录，记载彝药273种，其中植物药214种，动物药52种，矿物药7种。每种都包括汉文名、彝文名、基源、拉丁学名和药用部位，对常用彝药有了比较科学的记载。本书是对彝族彝药的宝贵经验和遗产的丰富继承，体现新平地区地域性用药特色，具有较高的学术研究价值。

《看人辰书》

《[illegible]》

存卷及页数不详。佚名撰。彝文原著年代不详，手抄本抄写年代不详，1981年由施学生、普天文、鲁茂林、李世忠整理翻译。彝汉文手抄本今藏徐士奎处（信息来源《彝族医药古籍文献总目提要》）。

本书系统记载了某些特定日子为禁日，针刺特定部位会发生危险。它用阴阳历推算禁日，按每月三十六天计算，逐日有禁刺部位。书中明确指出：正月、二月、三月，人辰日为猪日、鼠日；四月、五月、六月、七月、八月、九月，人辰日为蛇日、马日；十月、冬月、腊月，人辰日为猴日、鸡日。凡在人辰日均为禁日，针刺容易发生危险。

[illegible] 1981 [illegible]

1．文献价值

本书发现于云南省楚雄彝族自治州双柏县，从内容看，与流传于四川彝区的《医算书》类似，均阐释了彝医治疗中特色的医算内容。

2．医药价值

汉医的针灸禁日已被公认具有时间生物节律的科学内涵，因而，彝医推算的针刺禁日是否同样具有此种医学意义，值得深入探讨。

注：编者未见原书，该书信息整理、摘自方文才、关祥祖、王步章所著的《彝族医籍录》和罗曲所著的《彝族传统医药文献管窥》。

《宇宙人文论》

《[illegible]》（[illegible]）

图12　《宇宙人文论》封面

共1册，169页。佚名撰。彝文原著不详，译本于1984年3月编译出版，罗国义、陈英译，马学良审订（图12）。彝文手抄本今藏毕节市彝文文献翻译研究中心；译本在超星电子图书可阅全书。全书以彝族布慕笃仁和布慕鲁则两兄弟对话的形式书写，词句流畅，比喻形象。全书分为28章，附宇宙生化总图。首先阐述彝族先民对宇宙起源、人类起源以及万物产生和发展变化的认识；接着论述阴阳、五行、天干地支；解说彝族的《八卦》（八角）、《河图》（五生十成）、《洛书》（十生五成）；用清浊、五行、干支、八卦的道理来讲述人体的各个部位和经络、气血，有原始的人体解剖和经络学说的记载。最后以较多的篇幅，讲解了彝族天文历算知识。

[illegible]

1. 文献价值

《宇宙人文论》内容涉及哲学、天文、历算、宗教、医学、经济、历史等方面。书中论述天地的起源，认为宇宙之中充满了元气，而元气之中包含着清浊两种对立之气，由它们形成了天与地。这种认识摆脱了上帝创造天地万物的唯心主义学说，是朴素的唯物主义观点；用“哎哺”的对立结合来说明万事万物的产生和发展，用“五行”的运动来说明世界万物的产生繁衍，这些论述包含了朴素的辩证法思想。书中提到的一些人物、人名，在其他彝族史书中也有记载，因而《宇宙人文论》可作为彝族文献研究的重要互证材料，具有历史文献价值，意义非凡。

2. 医药价值

《宇宙人文论》中，“人体同于天体”篇章用清浊、五行、干支、八卦讲述人体的部位、经络和气血；“人与天地同”篇章用八卦分属人体的各个部位，用“清气三条路”和“浊气三条路”解释人体的气血、经络，有插图表示“清浊五行人体部位”。在解说气血、经络中，作了病理分析。这些论述是重要的彝医基础理论，对研究彝族医学发展史有重要参考价值。

《小儿生长书》

《[illegible]》

《小儿生长书》又名《娃娃生长书》，存卷及页数不详。佚名撰。成书年代不详。彝汉对译本，收录于《医病书》（中国医药科技出版社，1991年）。本书将婴儿到儿童（1～9岁）的智力、生理变化分为三个部分作了简单记述：第一部分描写胎儿从受精开始到降生前的整个胚胎发育过程；第二部分描写自胎儿出生到1周岁的生长发育、生理变化状况；第三部分描写幼儿的生长发育、智力及思维活动。

[illegible]

1．文献价值

从记述的内容和方式看，本书属于介绍儿科部分生理知识的专书，是研究彝医对人体发育认知的一部重要的文献。

2．医药价值

该书以朴素、生动的文字将胎儿逐月发育、生长的情况作了描述，说明彝医在很早以前就认识到幼儿的整个生长发育过程。

注：编者未见原书，相应内容整理、摘自方文才、关祥祖、王步章所著的《彝族医籍录》。

《彝族医算书》

《[illegible]》

共1册，318页。该书为《民族医药文献整理丛书》中的第8卷，丛书总主编为余曙光，本册主编为赖先荣、阿子阿越，四川民族出版社2016年6月出版。《彝族医算书》是记述彝族在天文历算及疾病预防方面知识的专门书籍。医算书在彝族民间流传的版本较多，该书注释的是彝族医生阿以莫友作收藏，由其女阿子阿越保存的版本，采用古彝文记述了彝族先民的医算知识。“医算”是彝族先民运用天文历法知识来推演生命节律和防病治病等周期性的一种方法，它将生命运动和天体运动相结合，反映出彝族先民对“哎哺”“五行”“八方”等医学相关理论的认识，体现出彝族先民“天人相应”的预防医学思想。

[illegible]

1．文献价值

本书属于彝族毕摩典籍的类型，用古彝文书写，内容涉及面非常广泛，例如年岁测病、命宫测算、十二属相日病例测算、生死日测算等，是研究彝族特色医算的一部重要文献著作。

2．医药价值

该书主要内容包括彝族毕摩对生命、疾病、生死和属相、年龄、月相等周期之间的关系的测算。该书记述了彝族先民对疾病、生命节律等周期性的认知，为彝族天文历算和疾病预防之间的关系研究提供了第一手资料，也为彝族医药文化的发掘整理和传承保护作出一定的贡献。

西南民族大学文献中心彝学文献馆馆藏毕摩经文手稿

[illegible]

图13　西南民族大学文献中心彝学文献馆

该类文献均由毕摩手抄而成，藏于西南民族大学文献中心彝学文献馆（图13）。西南民族大学文献中心彝学文献馆所收藏的是来自我国西南（包括四川、云南、贵州等地）彝族聚居区域的各类典籍。馆内所藏的毕摩经书中包含一部分与医药相关的内容。例如，有的经书书写了疾病是如何产生的，毕摩如何祛除疾病，彝族先民对疾病的理解，治病的方法及药物等。西南民族大学文献中心彝学文献馆馆藏文献非常丰富，包含毕摩治疗各类疾病时念诵的经文，这类经文大多以疾病的名称作为书名。馆藏文献基本是手稿原件，仅有少部分为复印件，极具文献及医药研究价值。本书仅收录部分手稿图片，未对经书内容做出具体解读。

[illegible]

《死与病》

《[illegible]》

抄本（复印件），保存完整，墨书，字迹清晰（图14）。佚名撰，成书年代不详。意为《死与病》。现藏于西南民族大学文献中心彝学文献馆，馆藏编号13-1。

[illegible] 13-1。

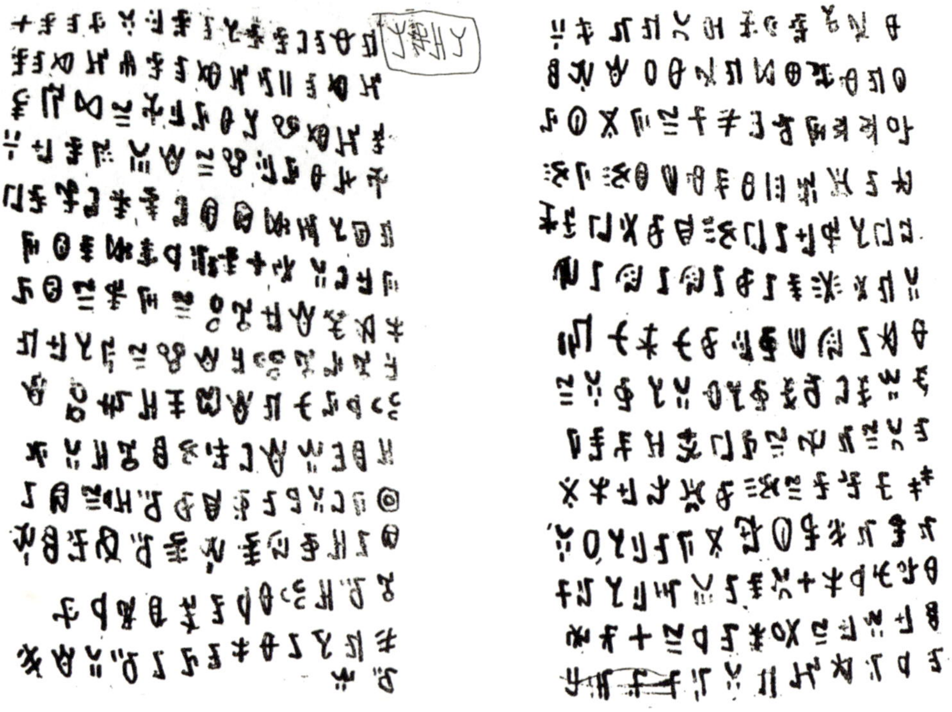

（1）　　（2）

图14　《死与病》部分内容

《（把）不好的病念走》

《[illegible]》

抄本，保存完整，墨书，字迹清晰（图15）。佚名撰，成书年代不详。意为《（把）不好的病念走》。现藏于西南民族大学文献中心彝学文献馆，馆藏编号18-8。

[illegible] 18-8。

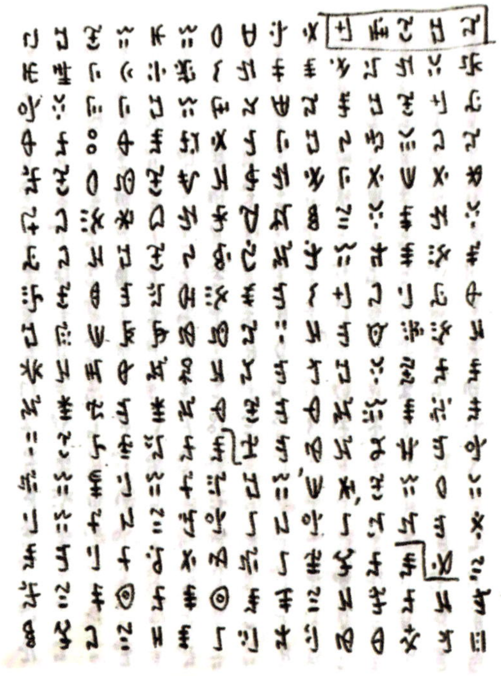

图15　《（把）不好的病念走》部分内容

《（防止）水鬼》

《[illegible]》

抄本（复印件），保存完整，墨书，字迹清晰（图16）。佚名撰，成书年代不详。意为“（防止）水鬼”，即防范来自水里的“鬼”带来的疾病。现藏于西南民族大学文献中心彝学文献馆，馆藏编号23-2。

[illegible]

图16　《（防止）水鬼》部分内容

《镇痘疹》

《[illegible]》

抄本，保存完整，墨书，字迹清晰（图17）。佚名撰，成书年代不详。意为“镇痘疹”，即记载镇压、防治皮肤痘疹类疾病的经文。现藏于西南民族大学文献中心彝学文献馆，馆藏编号25-2。

[illegible]25-2。

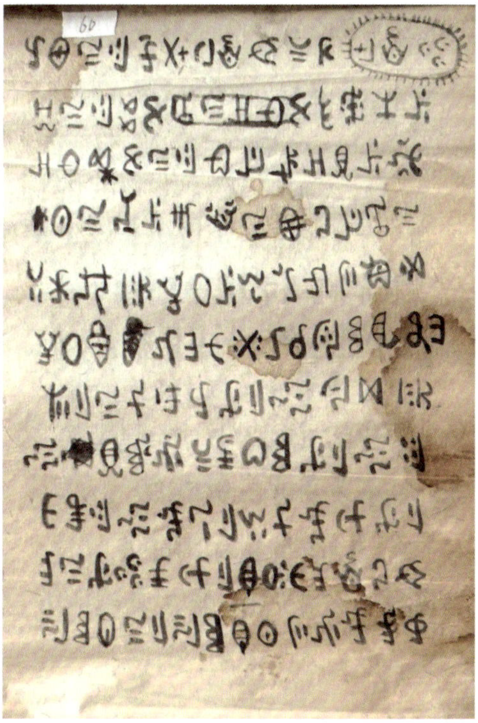

（1）

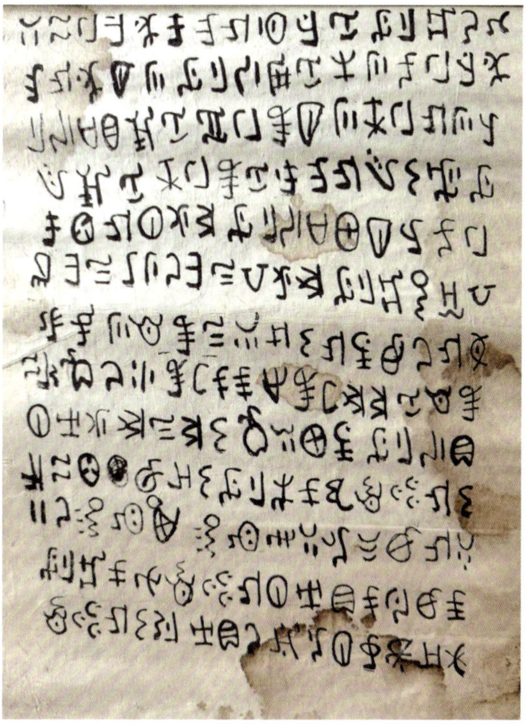

（2）

图17 《镇痘疹》部分内容

《（镇压）病》

《[illegible]》

抄本，保存完整，墨书，字迹清晰（图18）。佚名撰，成书年代不详。意为“（镇压）病”。现藏于西南民族大学文献中心彝学文献馆，馆藏编号54–11。

[illegible]54-11。

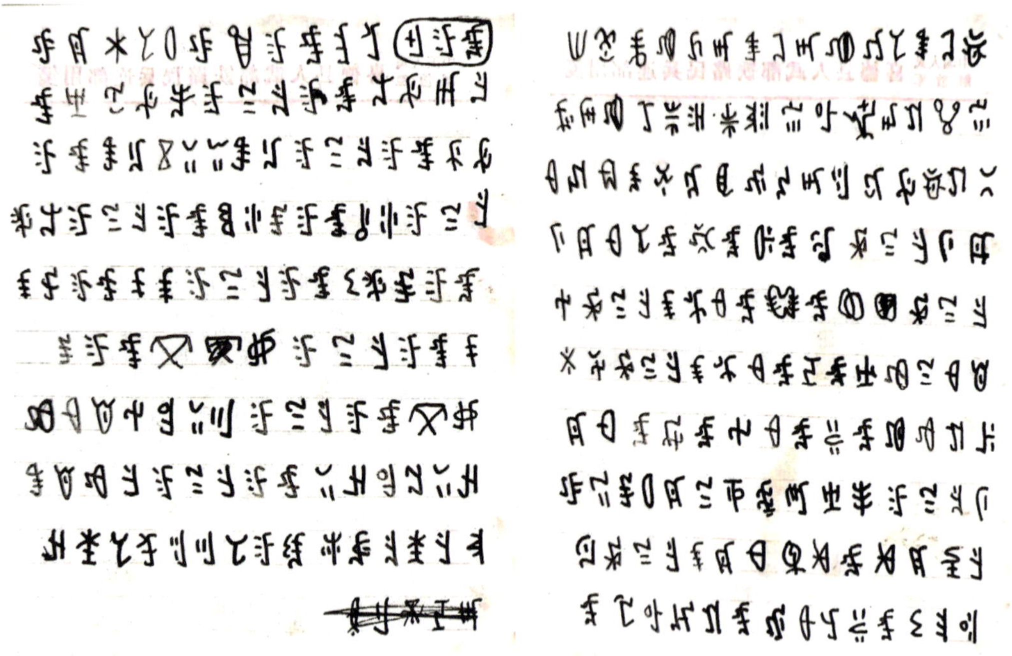

（1）　　　　（2）

图18　《（镇压）病》部分内容

《（祛除）彝族的病，汉族的病》

《[illegible]》

抄本，保存完整，墨书，字迹清晰（图19）。佚名撰，成书年代不详。意为“（祛除）彝族的病，汉族的病”。现藏于西南民族大学文献中心彝学文献馆，馆藏编号228-3。

[illegible]228-3。

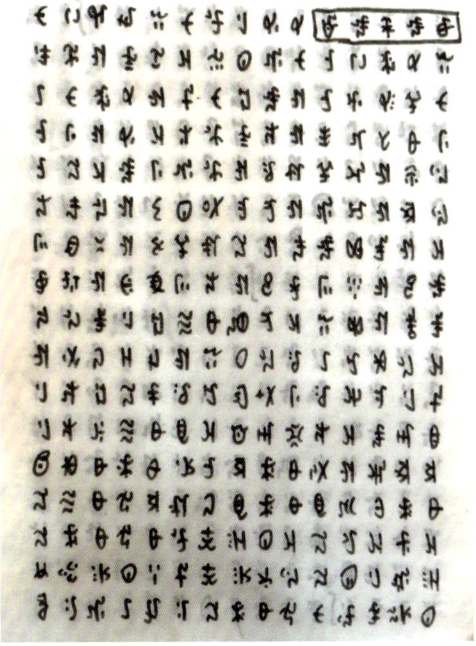

图19　《（祛除）彝族的病，汉族的病》部分内容

《（祛除）猴病》

《[illegible]》

抄本，保存完整，墨书，字迹清晰（图20）。佚名撰，成书年代不详。意为"（祛除）猴病"。彝族认为"猴病"这类病症是猴子的干瘦病邪传染给人的，主要表现为消瘦、虚弱、四肢无力等，病程长，疗效缓慢。现藏于西南民族大学文献中心彝学文献馆，馆藏编号231–9。

[illegible] 231-9。

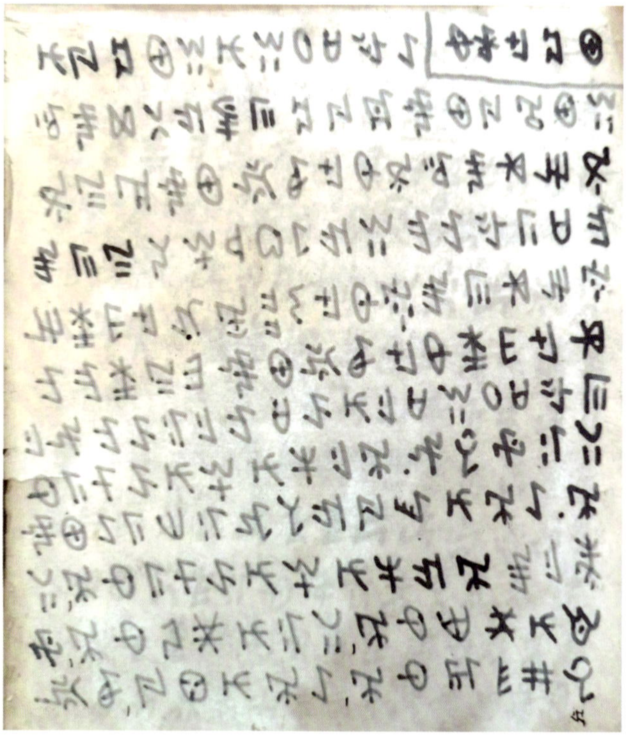

图20 《（祛除）猴病》部分内容

《麻布土司家治病的经书》

《[illegible]》

抄本，保存完整，墨书，字迹清晰（图21）。佚名撰，成书年代不详。意为“麻布土司家治病的经书”。现藏于西南民族大学文献中心彝学文献馆，馆藏编号235–2。

[illegible] 235-2。

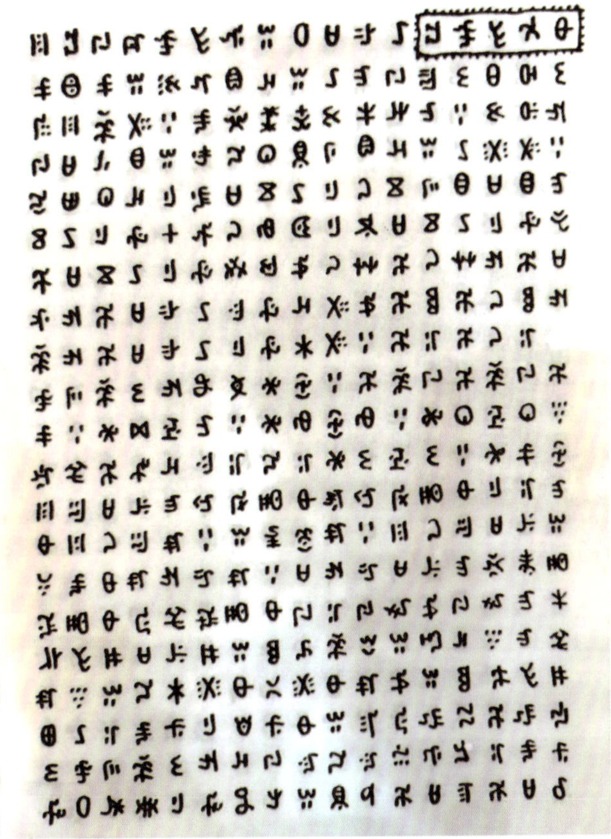

图21　《麻布土司家治病的经书》部分内容

《防麻风经》

[illegible]

抄本，保存完整，墨书，字迹较为清晰（图22）。佚名撰，成书年代不详。意为《防麻风经》。现藏于西南民族大学文献中心彝学文献馆。

[illegible]

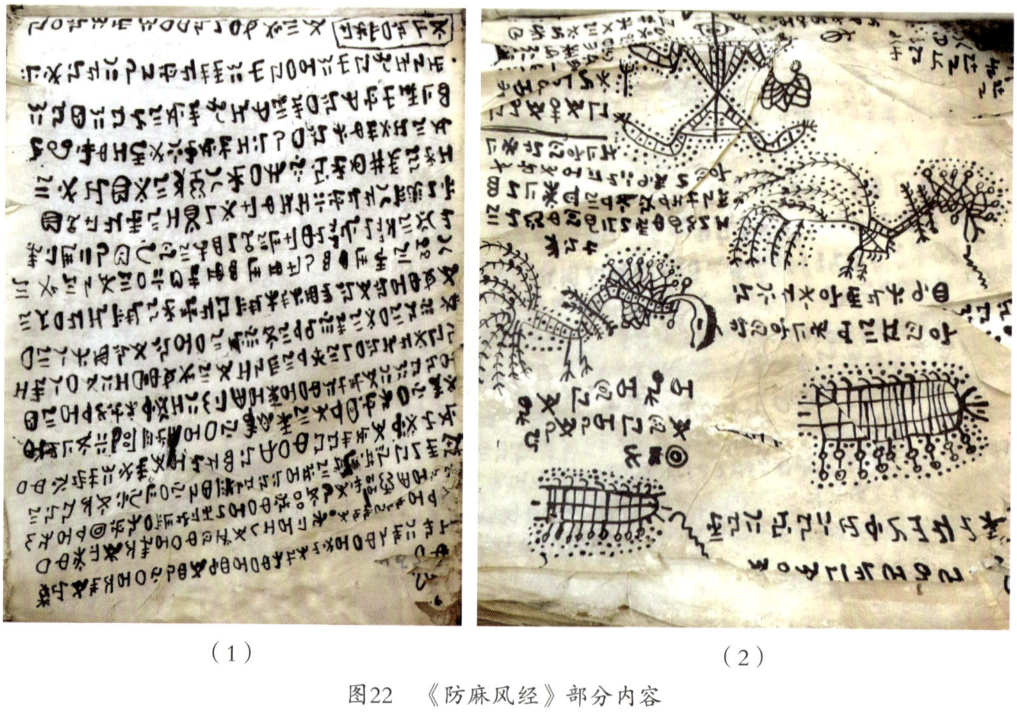

（1） （2）

图22 《防麻风经》部分内容

《（防治）腹部疼痛类疾病》

《[illegible]》

抄本，保存完整，墨书，字迹清晰（图23）。佚名撰，成书年代不详。意为“（防治）腹部疼痛类疾病”。现藏于西南民族大学文献中心彝学文献馆，馆藏编号329-4。

[illegible]329-4。

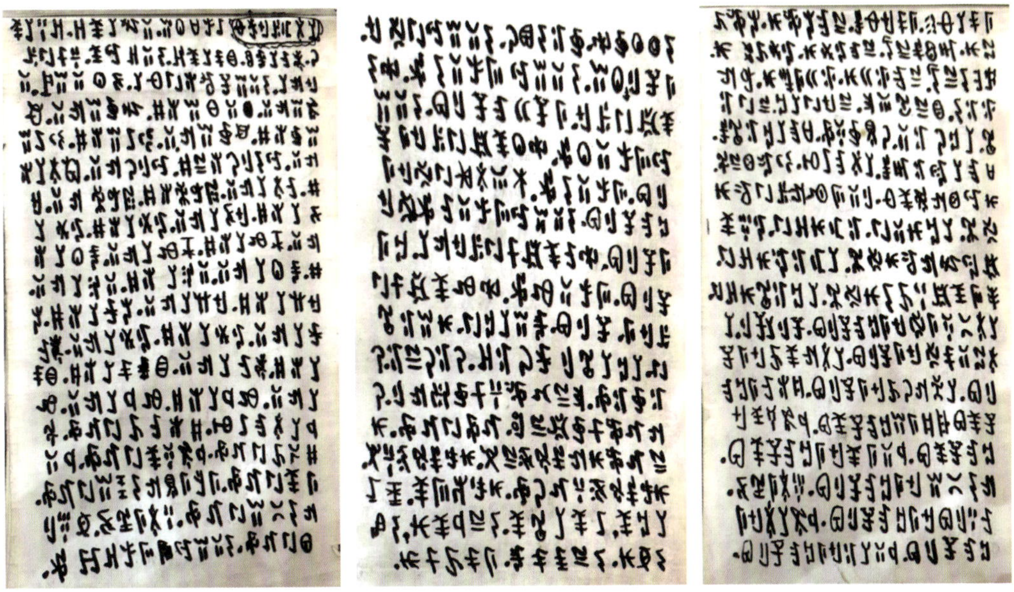

（1）（2）（3）

图23 《（防治）腹部疼痛类疾病》部分内容

《解神怪病经》

《[illegible]》

抄本，保存完整，墨书，字迹清晰（图24）。佚名撰，成书年代不详。意为“解神怪病经”，神怪病主要指风湿关节炎和一些神经性瘫痪等。现藏于西南民族大学文献中心彝学文献馆，馆藏编号332-7。

[illegible] 332-7。

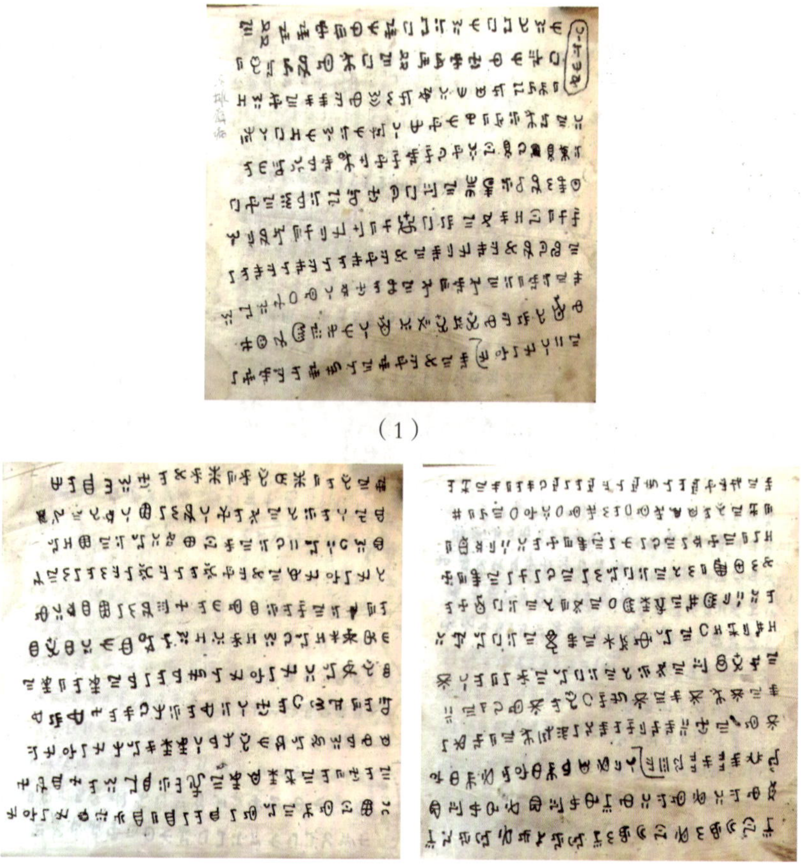

（1）　（2）　（3）

图24　《解神怪病经》部分内容

《算命（算病）》

《[illegible]》

抄本，保存完整，墨书，字迹清晰（图25）。佚名撰，成书年代不详。为毕摩用于测算疾病的经书（医算类）。现藏于西南民族大学文献中心彝学文献馆，馆藏编号380。

[illegible]

[illegible]380。

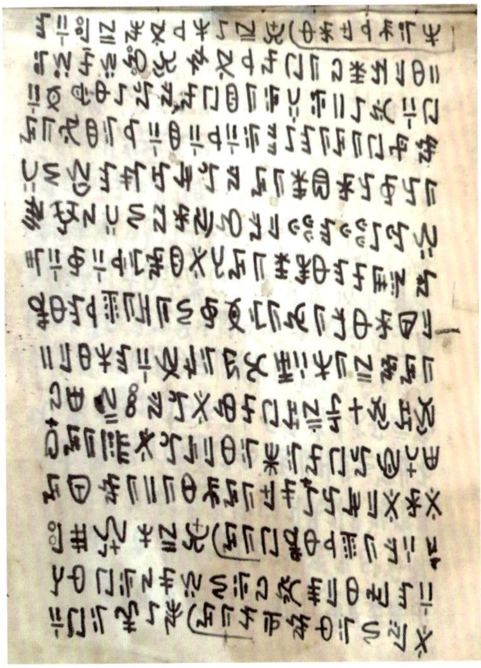

图25　《算命（算病）》部分内容

现代出版物

《峨山彝族药》

《[illegible]》

共1册，49页。云南省玉溪地区药检所、峨山彝族自治县药检所1979年整理编撰。全书记载药物23种，书中药物采用中药名，附有彝文音译、意译，植物科属，来源生长环境，药用部位及药用经验，并附有黑白图。

[illegible]

1．文献价值

该书所载药材突出了彝医的使用经验和特色，是了解峨山彝族用药情况的第一手资料。

2．医药价值

编写单位的研究人员对地方性的彝药展开调查、采集和鉴定研究，所采集的药材原植物经中国科学院昆明植物研究所吴征镒院士、李锡文副研究员鉴定，较系统地梳理了峨山地区传统彝族药物资源。

注：今藏玉溪市食品药品检验所（信息来源《彝族医药古籍文献总目提要》）；编者未见原书，该书信息整理、摘自方文才、关祥祖、王步章所著的《彝族医籍录》。

《彝药志》

《[illegible]》

图26 《彝药志》封面

共1册，265页。云南省楚雄彝族自治州卫生局药检所编。四川民族出版社1983年9月出版（图26）。本书是在民族医药普查的基础上编纂而成。根据疗效良好、来源清楚、彝族常用的原则，从发掘出来的彝族药物和方剂中筛选出了103种药物。每种药物项下包含了彝药名、汉药名、文献记载的药物药性及功效、药物的应用经验、药物的来源、典型病例，并附有药材的识别特征、化学成分和发掘经过以及药材的插图。其中，每种药物项下附有方剂和治疗典型病例介绍是本书的特点。

[illegible]

1．文献价值

《彝药志》是在云南省楚雄彝族自治州根据原卫生部有关文件和全国民族药会议的精神，从1978年开始组织专业队伍开展民族医药普查工作的基础上编纂而成。编著团队从上千种彝药中筛选出临床上较常使用、疗效确切的103种药物编纂成书。该书图文并茂，书中药物的正名使用的是彝药名称，体现彝族医药的特色，汉药名的第一个名称是通用学名，而文献记载主要是根据《本草纲目》《中药大辞典》《滇南本草》等书列出，提供了较为全面的参考资料。

2．医药价值

本书的特色是在每种药物项下记载了该种药物的常用方剂组成以及治疗病症的“典型病例”，具有临床使用和研究参考价值。

《彝族医籍录》

[illegible]

共1册，41页。方文才、关祥祖、王步章著。成都军区民族民间医药研究所1983年编印（图27）。该书撰写了27种彝族医药文献的提要信息，包括《明代彝医书》《作祭献药供牲经》《努苦苏》《造药治病书》《启谷署》《医病好药书》《小儿生长书》《老五斗彝医书》《三马头彝医书》等书的内容。

图27　《彝族医籍录》封面

[illegible]

1．文献价值

该书是总览彝族医药典籍概况较为重要的工具书，通过本书可对一些彝族医药典籍所记载的内容有所了解，有助于彝医药的学习和研究。

2．医药价值

该书整理的27种彝族医药文献提要信息，包含了彝医古籍文献中所记载的重要的治病经验和用药方法，具有一定的医学研究价值。

《彝医动物药》

《[illegible]》

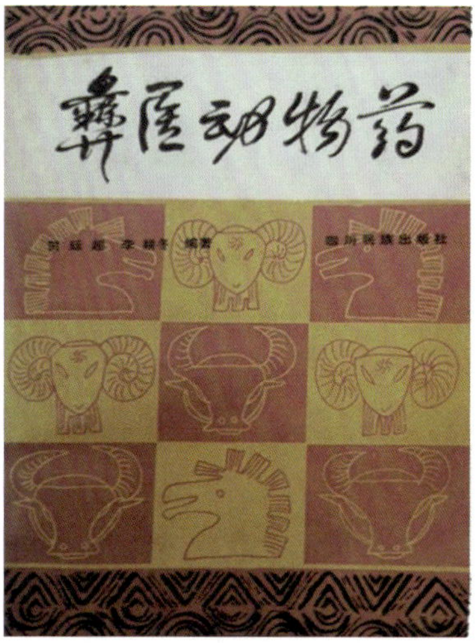

图28 《彝医动物药》封面

共1册，329页。贺廷超、李耕冬编著。四川民族出版社1986年9月出版（图28）。全书共收载彝族动物药224种，其中除珍稀动物以及因为其他原因不再使用的动物药之外，大部分至今仍在使用。本书按照彝医传统用药习惯分类，以动物的药用部位来分，即分为肉、胆、骨、油、血等十二类，并且在每种药物项下记载了彝药名、基源、药材和彝医药用经验等内容。该书整体内容较为丰富，具有彝族医药特色，是一部较为系统的介绍彝医动物药，具有资料性和知识性，并且具备一定实用价值的文献资料。

[illegible]

1. 文献价值

《彝医动物药》一书所包含的内容，是彝族历史上和民间流传的以及现在仍在使用的，具有彝族医药特色的动物类药材。善用动物药，是彝医的一大特色，而本书将这一特色较为系统地进行了记载和收录。《彝医动物药》是编者根据其对彝医传统医药的考察研究，结合云贵川三省的彝族文献资料和二十世纪七八十年代挖掘整理的一批彝医古籍文献，综合整理而成。其中记载的药物，有的是根据民间流传整理而成，有的是文献中记载的内容，还有的是彝医历史上有所记载，但现在没有使用的药材。

2．医药价值

该书的特色是除收载了一些彝医特有动物药之外，还按照彝医传统用药习惯对药物进行分类，即以动物的药用部位来分，这与现代系统分类法有所区别。除此之外，本书在每种药物项下还介绍了该种药物汉医是否收载，汉医始载于何处，汉医和彝医用药的主治、性味、功效的异同点，以及现代研究简单概况等内容。需要注意的是，本书所载现代研究所指是当年的研究情况，于现在而言有一定参考性但也有时代的局限性。《彝医动物药》一书整体内容翔实丰富，科学客观，采取文献考察和实地研究相结合的方法，较为系统地将彝医动物药记述下来，具有资料性质和知识性质，并具备较高的实际应用和科学研究价值。

《彝医药经》

《[illegible]》

共1册，409页。郝应芬编著。1989年编印。本书原名《凉山彝医》，由彝医药古文献中记载的和彝族民间调查收集的资料整理而成。全书共分三部分。第一部分为彝医发展简史，包括彝医的起源和发展、彝医药的兴衰、彝医基础理论；第二部分为临床总论，即凉山彝族民间常见病的主要病因、病症、诊断、治疗以及方药的归纳整理；第三部分为临床各论，对内、妇、儿、外科某些病症、病因、病机、诊断、治疗、方药进行了比较详细的论述。全书收载疾病197个，药物1 046种，方剂1 364首。

[illegible] 1 [illegible]，409 [illegible]。[illegible]。1989 [illegible]。[illegible]《[illegible]》，[illegible]。[illegible] 197 [illegible]，[illegible] 1046 [illegible]，[illegible] 1364 [illegible]。

1. 文献价值

该书是比较完整、系统的一部彝族医学著作，包含彝医古籍文献内容及民间田野调查收集到的一手资料，具备一定参考价值。

2. 医药价值

该书是了解凉山的常见病、多发病，以及当地彝医的疾病防治水平的第一手资料，有一定的学术研究价值。

《彝族医药史》

[illegible]

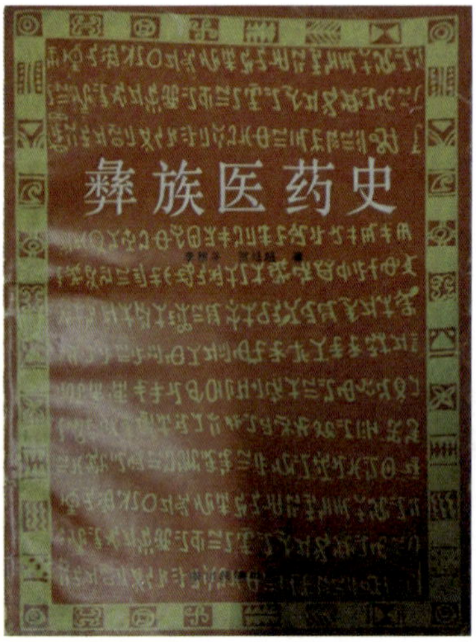

图29　《彝族医药史》封面

共1册，214页。李耕冬、贺廷超著。四川民族出版社1990年5月出版（图29）。本书概括性地总结了彝族医药从远古时期到近现代所经历的发展历程。书中列举了大量的史实，追根溯源、较为系统地整理了彝族医药的历史发展过程。全书分为五篇，第一篇论述原始时期的彝族医药，第二篇论述奴隶制时期的彝族医药，第三篇论述封建制时期的彝族医药，第四篇论述近现代彝族医药的情况，最后一篇为彝医史事编年纪要。书中包含了史料记载中的南诏石榴、武色吞良药、黑蛇治麻风等典故和药物。该书是对彝族医药的起源和发展的一次较为全面的研究整理。

[illegible]

1. 文献价值

《彝族医药史》是根据云贵川三省有关史实资料、彝文古籍以及彝族民间用药情况等资料编写而成，分为五篇，共十章，较为全面地记述了从原始社会、奴隶社会、封建社会直到近现代彝族医药的发展情况，内容系统而翔实。

2. 医药价值

一直以来，外界对彝族医药存在一些偏见，如有的看法认为“彝族无医药”。而这本书通过史实资料和考察研究的结果，以及各类传说记载和历史典故，证明了彝族医药早已存在，并且一直发展至今。例如彝医以芸香草治瘴的传说，彝族药王“呐取日麻”的传说故事等，以及彝族医书的发现，都证明了彝族传统医药的存在。该书填补了彝族传统医药是如何发展和变化的这一过程的研究空白，较为系统地整理、归纳了彝族医药的发生和演变历史，是一部具有学术参考价值的书籍资料。

《民族民间方剂选》

《[illegible]》

图30 《民族民间方剂选》封面

共1册，214页。方文才、龚继民编著。云南民族出版社1990年5月出版（图30）。本书遵循《本草纲目》《滇南本草》的论述方法，以中医理论为指导，选药667种，选方198个。书中所收载的方剂涵盖了解表剂、清热剂、和解剂、祛寒剂、泻下剂、消导剂、理气剂、理血剂、祛湿剂、治风剂、润燥剂、祛痰剂、补益剂、驱虫方选、儿科方选、外科和皮肤科方选以及骨伤科方选等十七类。除此之外，还有部分民族民间有毒药物和酒的中毒解救方法及其方选。本书内容是作者在广泛收集民族民间单方、验方、秘方并结合长期的医疗实践验证的基础上筛选出来的。

[illegible]

1. 文献价值

本书内容是作者在广泛查阅了大量文献资料，并且实地前往云南各地收集民族民间单方、验方和秘方之后，结合长期的医疗实践总结筛选而成，是对民间用药经验真实而详尽的记载资料。

2. 医药价值

该书所包含的方剂来自云南省的多个少数民族，包括彝族、傣族等。这些民族民间医药工作者的临床实践以及用药经验，经过作者的发掘、继承、整理和提高之后，总结成了具有一定特色的民族民间医药方剂选，曾经作为云南省第一届中草药培训班的教材使用，具有一定的学习参考及科学研究价值。

《彝医植物药》

《[illegible]》

共1册，230页。李耕冬、贺廷超编著。四川民族出版社1990年7月出版（图31）。作者在对云贵川三省的彝医古籍文献资料以及民族地区当地用药经验进行研究考察的基础上，综合整理而成此书。本书共收载彝医传统使用的植物药106味，涉及药用植物53科151种，在书中附有彝汉药名对照简表以及具体药材的图谱。每味药物项下包含彝族药名、原植物名、彝医药用经验，并且进行了彝医药与古今汉医本草的对照和比较，论述彝汉用药的异同，展现了彝医特有的用药特色。

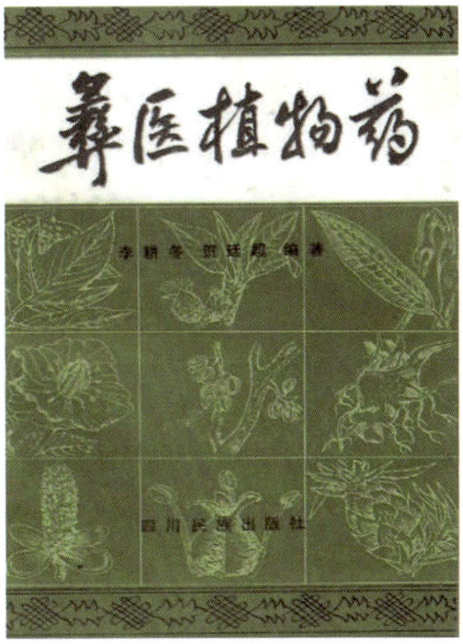

图31 《彝医植物药》封面

[illegible] 1[illegible]，230[illegible]。[illegible]、[illegible]。1990[illegible]7[illegible]。[illegible]《[illegible]》[illegible]，[illegible]，[illegible]。[illegible]106[illegible]，[illegible]53[illegible]151[illegible]，[illegible]。

1．文献价值

该书收载了彝医古籍文献及民间使用的常见植物药，是对彝医药用植物知识和经验的系统总结。

2．医药价值

《彝医植物药》中所包含的植物药，是彝医古籍文献中有记载，在彝族历史中使用过的，或是至今仍在民间流传和使用的植物药。本书较有特色的部分，是在每味药物项下，简述了彝医用药与汉医用药的异同，凸显出了彝医的特色，并且在书中附有彝汉药名对照简表，便于检索。该书内容丰富，较为科学和全面地记述了彝族古籍文献以及民间流传使用的彝医常用植物药材，具有较高的实际应用以及科学研究价值。

《贵州彝族医药验方选编》

《[illegible]》

共1册，共120页。王荣辉译著。贵州民族出版社1990年7月出版（图32）。本书是根据仁怀县王荣辉，即本书译著作者祖传的彝文文献医药专著《启谷署》翻译的，原书成书年代久远，代代相传，珍藏至今。本书将方剂治疗疾病分编为5门38类，共含263个药方。

图32 《贵州彝族医药验方选编》封面

[illegible]

1. 文献价值

本书是古代彝文医药典籍的译著版本，体现了编著者对原书的理解和注释。

2. 医药价值

根据评述，本书译著者王荣辉运用本书所载方剂治疗患者众多，其中类风湿性关节炎、坐骨神经痛、火烧伤、肝炎等病例中的方药应用疗效确切。原书《启谷署》反映了明清时期彝族民间医药的一般情况，且保存了很多特色的药物炮制方法、方剂配伍以及彝族民间对一些疾病的认识。

《彝医植物药（续集）》

《[illegible]（[illegible]）》

图33 《彝医植物药（续集）》封面

共1册，207页。李耕冬、贺廷超编著。四川民族出版社1991年3月出版（图33）。本书是《彝医植物药》一书未竟的工作补充，所以品种相衔接，编著体例也与前书一致。本书收入彝医植物药115个，分属54科，135种药用植物。每一种药物按照汉名、彝文药名、原植物、彝医用药经验和“按”（补充说明）以及彝医汉医用药对照等内容编排。书中配有植物分类索引以及彝汉药名对照表，方便使用。其中，彝汉药名对照表包括药物的彝文名、彝文音译的汉文名以及汉文名字。

[illegible]

1. 文献价值

本书作为《彝医植物药》的续集，进一步补充和丰富了其所收载的彝医所用的植物药以及彝医用药经验总结。

2. 医药价值

该书特色之处在于，在“按”部分对药材的中医以及彝医记述和用法的异同有较为详尽的描述，其中很多是彝医专用的植物药或者是彝医具备独特用药经验的植物药，对于研究彝族特色用药及用药经验具有一定参考研究价值。

《哀牢山彝族医药》

《[illegible]》

图34 《哀牢山彝族医药》封面

共1册，301页。云南省玉溪地区民族事务委员会编。云南民族出版社1991年9月出版（图34）。本书是根据哀牢山中段新平县老五斗流传的彝族医药手抄本和哀牢山下段元江县三马头一带流传的两部彝族医药手抄本，经过翻译、注释、调查、走访之后整理而成。全书分为四个章节，前三个章节分别对老五斗彝族医药抄本以及洼垤彝族医药抄本进行了译注，包括其中所记载的各类病症及其对应的医治方剂；第四章为本书搜集整理的哀牢山彝族医药药物名录。该书内容直观简明，对于弘扬彝族医药以及彝族医药的研究，具有一定的价值。

[illegible]

1. 文献价值

《哀牢山彝族医药》是根据哀牢山地区流传的四部彝族医药书手抄本，经过拜访毕摩、当地彝医及查阅资料等过程之后，整理翻译而成。该书与其他彝族医药文献最大的不同就是对疾病进行了不同的归类，而且在每一大类下面又有详细的分类，这充分反映了彝族先民对不同疾病的认知和探索。作者不仅对原文进行了直译和意译，还对书中所载彝药的来源、主治功能以及处方进行了核实与考证。该书对彝族医药学的研究具有重要参考价值，也是一部可以深入挖掘的寻找潜在新药的参考资料。

2．医药价值

该书收录了哀牢山地区民间使用的方药，体现了当地疾病特征和用药特点，其中不乏彝医特有的用药经验，值得现代医药学继续挖掘研究。

《哀牢本草》

[illegible]

共1册，220页。王正坤、周明康编著。山西科学技术出版社1991年9月出版（图35）。本书是根据发掘到的古哀牢属地的抄本，经过翻译考证、采集标本、临床观察后筛选出来的来源清楚、疗效可靠，至今仍在哀牢故地生长分布的药材整理而成。本书沿用了《哀牢本草》的书名，共收载药材752味，组方218方。每种药物项下按来源、功效主治、用法用量和附注的顺序编写。书中囊括了内、外、妇、儿、五官、皮肤、骨伤等多种疾病所需之药，并且包含煨、炮、煎、煮、炖、烘等多种传统炮制方法，还有内服、切皮给药、灌注、冲洗、包敷等多种给药途径。该书内容较为丰富，具有古哀牢属地的鲜明地域特色。

图35 《哀牢本草》封面

[illegible]

1. 文献价值

《哀牢本草》是根据发掘于云南省古哀牢属地的原始文献抄本中记载的内容，经过翻译考证后编纂而成，属二次著述。该书内容较为丰富，涵盖了多种病症，并且还有药材的炮制方法以及多种给药途径。这些足以说明哀牢先民对疾病的发生发展以及治疗是有着较为全面和系统的认识和掌握的。该书是编著者对古哀牢属地原始文献消化吸收、考证和研究之后的产物，记述简明，便于检索，具有鲜明的地域民族特色，并具有一定的文献参考价值。

2. 医药价值

该书对药物的来源、功能主治、用法用量都有较为详尽的记载，并且体现出明显的地域性特征，具有临床指导意义及科学研究价值。

《彝族医药珍本集》

《[illegible]》

共1册，157页。方文才、关祥祖等编译。中国医药科技出版社1991年出版（图36）。此书是将《明代彝医书》《医病好药书》《医病书》《药名书》《看人辰书》《小儿生长书》翻译成彝、汉对照并加以注释、合编的一本彝族医学著作。

[illegible] 1 [illegible]，157 [illegible]。[illegible]、[illegible]、[illegible]。1991 [illegible]。[illegible]《[illegible]》《[illegible]》《[illegible]》《[illegible]》《[illegible]》《[illegible]》[illegible]、[illegible]，[illegible]。

图36　《彝族医药珍本集》封面

1．文献价值

该书收录了几本著名的彝族医药著作，同时进行了翻译，既保持原意，又便于研究，是保持原貌出版的一部彝族医药古籍著作。

2．医药价值

该书收载的古籍文献，为彝医古籍文献中具有代表性的一些书籍，将彝医特色的医药知识和经验总结归纳起来，便于医药工作者研究和参考。

注：编者未见原书，相应内容整理、摘自方文才、关祥祖、王步章所著的《彝族医籍录》。

《元江彝族药》

[illegible]

共1册，83页。云南省玉溪地区药检所、元江县卫生局药检所共同编撰，周明康、李学恩、王正坤、李坚、康勇编著。1992年整理编撰。全书记载药物38种，每种药物的介绍包括基原、形态特征、生长环境、药用经验等四个部分，并附有药物形态图。

[illegible]

1. 文献价值

该书是在对彝文医药典籍挖掘整理、民间访问调查、资源普查、标本采集、基原鉴定、归类整理的基础上，对彝族常用、疗效确切、用途新颖、资源丰富的品种进行整理和汇编。

2. 医药价值

本书体现了鲜明的区域性特点，是了解当地彝族用药情况和疾病分布的有效资料。

注：该书今藏玉溪市食品药品检验所（信息来源《彝族医药古籍文献总目提要》）；编者未见原书，该书信息整理、摘自《彝族医药古籍文献总目提要》。

《彝族医药》

《[illegible]》

共1册，320页。阿子阿越编著。中国医药科技出版社1993年4月出版（图37）。本书是根据云贵川三省的历史文献以及编著者自身的经验和实地考察所搜集到的资料，进行归纳分析整理而成。全书分为上、中、下篇：上篇介绍了彝族彝药发展简史；中篇介绍了彝医基础理论，包括彝医对经络和气血的认识，病理、病因以及诊治方法等内容；下篇主要介绍了临床上的常见病症以及常用的药物和方剂，共记载病症200多个，药方1 000多个。本书内容翔实，对彝医有较为系统和全面的概述。

图37 《彝族医药》封面

[illegible] 1 [illegible]，320[illegible]。[illegible]，1993[illegible]4[illegible]。[illegible]

1. 文献价值

《彝族医药》是由彝族医师阿子阿越编著，根据云贵川三省有关文献资料以及阿子阿越本人对四川凉山境内的彝族民间医生进行实地考察、采访所搜集到的资料进行研究分析和归纳，整理而成。全书分为上中下三篇，包括彝族医药发展简史、彝医基础理论以及临床各论。书中的各种病名和药物名均标注有彝文，个别药物因为产地不同而存在彝文名同物异名的现象。本书还保留了很多彝族地方土语，体现原有民族地区特色。

2. 医药价值

该书内容翔实，较为系统和全面地介绍了彝族医药，并且可以将彝医传统记载与现代研究进行对比，具有一定的临床参考和科学研究价值。

《彝族医药学》

《[illegible]》

共1册，891页。关祥祖主编。云南民族出版社1993年9月出版（图38）。本书是由数本彝族医药典籍整理翻译而成，并且还包含了一些彝族毕摩的彝文手抄本中的内容。全书共分为七章：第一章介绍了七本彝医古籍，收录了彝文原文；第二章记述了彝医基础理论；第三章是彝医治疗学；第四至六章包含了动物药、植物药和矿物药上千种；第七章是彝族医药方剂。其中，第三章彝医治疗学收录各科病症122种。

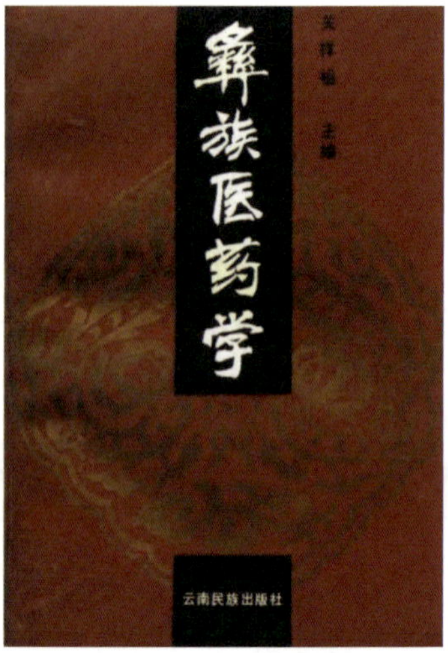

图38 《彝族医药学》封面

[illegible] 1 [illegible]，891 [illegible]。[illegible]，1993 [illegible] 9 [illegible]。[illegible]，[illegible]。

1．文献价值

《彝族医药学》是根据《医病好药书》《启谷署》《明代彝医书》《老五斗彝族医药书》等有文字记载的彝族医药文献，经过翻译整理和研究之后，整合而成。彝族医药文献中有大量的彝医理论，记载较为分散，没有形成系统的彝族医药学。作者正是根据这些文献资料的记载，将资源整合起来，经过研究之后，撰写成了这一本《彝族医药学》。

2．医药价值

该书包含彝医基础理论、彝医治疗学、彝医常用动物药、植物药和矿物药以及彝医方剂，记载翔实，内容全面丰富，较为系统地汇集彝医知识，具有一定的参考价值。

《贵州彝族民间传统医药》

《[illegible]》

共1册，中文部分63页，彝文部分68页。王荣辉著，晏朝辉译。四川民族出版社1993年10月出版。《贵州彝族民间传统医药》一书的原文内容，是王氏祖先根据彝族先民在长期与疾病的斗争过程中，不断总结防病治病的经验而逐渐形成的较为独特的家传医药。由于客观历史条件限制，其中所记载的药物和方剂，均未作任何科学检验，只是按照“传男不传女，传内不传外”的家规原则，依靠代代相传的反复实践的方式传承至今。《贵州彝族民间传统医药》所载内容分为内科、妇科、儿科、外科、五官共5门17类，包含250多个方剂，是作者根据有彝文记载和由王氏祖先口传心授的民间传统医药整理而成。

[illegible]

1．文献价值

本书是王氏后代以彝文和汉文的方式介绍家传的王氏医药，是典型的对家传医药知识和用药经验的总结及归纳。

2．医药价值

该书主要以主治、处方、制法、用法的方式记载了众多的习用方剂。方剂中多数为草药配伍，经济适用，方剂所含药味也体现了彝族医药配伍较为简单、药味组成不多的特点。但其中所含方剂未经过系统临床验证，因此临床效用有待考证。

《彝族祖传食疗验方二百例》

[illegible]

图39　《彝族祖传食疗验方二百例》封面

共1册，109页。王荣辉著，晏朝辉译。中央民族学院出版社1993年12月出版（图39）。本书是由王荣辉以及同行一起收集翻译整理的，由王荣辉从祖父传承的四百多个膳食秘方中筛选出来的秘方验方组成。本书将秘方验方按照所治疗疾病的种类和病名进行分类，通常找到病名，就能找到相应的一方或者多方食疗药膳。该书包含的食疗方剂除问诊处方以外，还具有以油、盐、菜、米、酱、醋、茶、酒等数十种食品等为方剂的特点，易于炮制，患者接受度相对较高。该书内容独特，配伍具有彝族医药特色，所载内容具备一定的科学研究价值。

[illegible]

1．文献价值

《彝族祖传食疗验方二百例》一书中所记载的内容，是彝族先民用彝文记载的彝族社会常见病的简便食疗方术。由王荣辉以及同行一起收集整理翻译而成。这部彝文医药书，是由王荣辉的祖父王鸿云于民国十年（1921）转抄而成。本书按照秘方验方所治疗的病症的种类和名称进行分类，方便对相应病症的食疗方剂进行整理和挖掘，内容较为丰富，药物应用配伍具有鲜明的彝族医药特色。

2. 医药价值

据作者王荣辉自述，他凭书中验方试制的“康泌尿灵香露”曾获得“全国第三届抗衰老科学技术大会”金寿杯金质奖，体现出本书所载秘方验方具有一定的实际应用价值。《彝族祖传食疗验方二百例》中所包含的食疗方所治疗的病症大多是老年病症，有部分方剂也可用于青壮年，共7门12类200个方剂，每种病症分类下包含主治病症、处方、用法和说明四项内容，彝汉文对照，内容较为翔实，独具特色，具有一定的彝文文献价值以及医学研究价值。

《中国彝医》

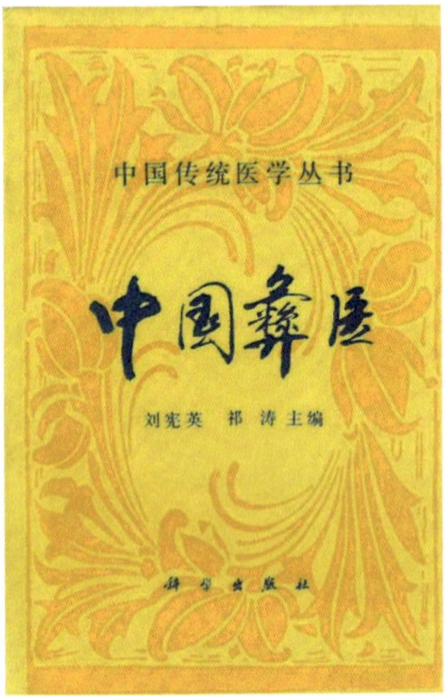

图40　《中国彝医》封面

共1册，246页。刘宪英、祁涛主编。科学出版社1994年8月出版（图40）。本书是“中国传统医学丛书”的一册，是经过编者调查采访、实地考证，收集了丰富的资料后编写而成。该书介绍了彝族风情、彝族医药发展源流、彝医基础理论、彝医常用药物以及彝医对常见病症的治疗方法和用药经验。除此之外，本书对我国彝族医药学文献进行了较为系统、全面和深入的整理研究，并在最后一章对彝族医学文献进行了综述和简介，方便读者阅读了解。

1. 文献价值

《中国彝医》一书是“中国传统医学丛书”中的一册，是经过该书编者对彝医古籍文献的整理研究，结合调查采访、实地考证后编写而成，涵盖内容较为全面。

2. 医药价值

该书除阐述彝族医药发展源流、彝医基础理论、彝医常用药物和彝医对各种常见病的治疗方法之外，对现存的彝族医药文学做了综述简介以及简要的评价。本书较好地将彝族医学的理、法、方、药整理归纳和总结出来，较为全面地阐述了彝族医药的体系、理论和特色，对于想要较为全面地初步了解彝族医学的读者来说，是值得阅读的参考资料。

《象形医学：彝族苗族传统医药学精要》

图41 《象形医学》封面

共1册，245页。云南省红河州彝族学学会编，陶永富、戈隆阿弘执笔。云南民族出版社1996年3月出版（图41）。编著者所属的红河州彝族学学会对在彝族和苗族的传统医药中发掘出来的象形医药内容进行深入研究和大量临床实践之后，提出“象形医学”这一理论体系。全书共分为五章。第一章介绍象形医学的基础和原理，第二章介绍象形医学的种类，第三章介绍象形医学的病理诊断，第四章介绍了象形医药的临床应用，第五章则阐述了象形医学是对传统中医学的继承、丰富和发展。全书内容丰富，深度挖掘了彝族和苗族象形用药的医学特色，具有特别的参考意义。

1. 文献价值

《象形医学：彝族苗族传统医药学精要》是两名编著者经过近五年的合作研究之后撰写的具有民族医药特色的医疗用药方法分析和研究方面的一本书籍，体现了彝族苗族传统医药特色。

2. 医药价值

象形用药，是彝族和苗族民间流传数千年的一种用药方法，象形用药的种类和数量在这两个民族的传统医药中相当可观。本书根据现代研究成果进一步深入研究象形药物，发掘其内涵的真实科学性，是对传统民族医药的一次深度挖掘和整理分析，具有较高的参考价值。

《景谷傣族彝族自治县卫生医药志》

《[illegible]》

图42 《景谷傣族彝族自治县卫生医药志》封面

共1册，301页。景谷傣族彝族自治县卫生医药志领导小组编。云南大学出版社1996年7月出版（图42）。本书是一部记录景谷县卫生事业发展变化的志书，史料翔实，记述清晰。本书收载了当地民间的单方验方，不过该部分单验方只限于常见病民间常用的药方。本书仅在第六章“医疗”这一章中，记载了部分该地区医药使用情况以及民间用药情况，所包含有价值的彝医药参考内容不多，但也有一定实际应用和研究价值。

[illegible] 1[illegible]，301[illegible]。[illegible]，1996[illegible]7[illegible]。[illegible]。

1. 文献价值

《景谷傣族彝族自治县卫生医药志》是记录景谷县卫生事业发展变化的志书，属于景谷县地方志的一部分，记述了当地的人文、地理和社会情况，体现了地域性特色。

2. 医药价值

该书中比较有参考价值的部分在第六章“医疗”当中，其中收载了当地常用的一些治疗民间常见病症的民间草医单方验方，但没有具体阐述药方来源，因此无法判断药物方剂究竟是否来自彝医药。该书所包含的具有医学研究价值的部分不多，但可以作为研究参考资料来使用。

《楚雄彝州本草》

《[illegible]》

共1册，240页。王敏、朱琚元著。云南人民出版社1998年7月出版（图43）。本书收载的本草，以生长在云南省楚雄彝族自治州境内的为主，经过作者考证和研究，共收载120味彝族常用、来源清楚和疗效可靠的药物。每种药物项下包含汉药名、彝药名、药用部位、性味功效、主治范围、药物的用法用量，彝医药用经验、基源、识别特征，并包含典型病例。其中，记载有结合了汉医和彝族民间用药经验，经临床实践证实有效的临床选方以及典型病例，是该书的一大特点。

图43 《楚雄彝州本草》封面

[illegible] 1 [illegible]，240 [illegible]。[illegible]。1998 [illegible] 7 [illegible]。[illegible] 120 [illegible]。

1．文献价值

《楚雄彝州本草》收录的是以生长在云南省楚雄彝族自治州境内的彝族民间常用药材为主的药物。该书收载的药物，是作者根据自己走访楚雄州彝医、基层所获得的资料所整理编撰，具有鲜明的地域和民族特色。

2．医药价值

该书在药物使用考证上结合了汉医和彝医的临床实践以及文献资料记载。全书大约15万字，收录120味彝族民间常用、来源清楚、疗效确切的药物。其中所载临床方剂具备一定研究参考价值。

《彝族古文献与传统医药开发国际学术研讨会论文集》

[illegible]

图44 《彝族古文献与传统医药开发国际学术研讨会论文集》封面

共1册，632页。彝族古文献与传统医药开发国际学术研讨会组委会编。云南民族出版社2002年5月出版（图44）。本书内容包括：彝族古文献与传统医药开发国际学术研讨会开幕词、闭幕词、会议纪要；31篇彝族医药开发与应用文献，包括彝族医药理论研究、彝族医药理论探源、彝族医学基础理论阐述、彝族医药古籍文献综述等；30篇彝族古文献研究文献，包括彝文汉字同源管窥、古彝文说文解字、彝文的语言学研究价值、彝文古籍《火把节祭经》述评等。

[illegible]

1．文献价值

书中收录的30篇彝族古文献研究文献，作者除国内学者外，还有来自波兰、美国、日本的学者，内容涉及彝族文字的源流、彝文与汉文的关系、彝文与彝族历史、彝文的语言学研究、彝文的统一和规范、彝文文献与民族认同等。国内外彝族古文献研究论文的汇编，展示了中外彝族古籍文献研究概况，促进了中外彝族文化研究方法的交流和彝族文化的传播。

2．医药价值

书中31篇彝族医药开发与应用文献，内容涉及彝医药理论研究、彝医药古今文献综述、彝医药临床应用等，特别是在整理彝族医药古籍文献基础上，多篇文献从天地人同气、清浊二气、气血、气路、脏腑生理病理、病因等方面对彝族医药理论进行了论述，认为清浊二气及其气路学说是彝医基础理论的核心，以五行为中心的脏腑经络理论、哎哺学说及八卦原理等构成了彝族医药理论的源头，使彝医理论系统化，改变了彝医药发展重药轻医的现状。彝医理论的整理、总结和完善，有利于指导临床实践，促进彝医药长远发展。

《彝族医药荟萃》

《[illegible]》

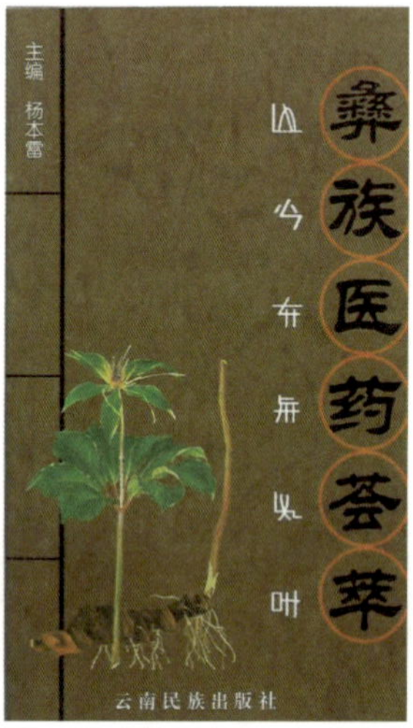

图45 《彝族医药荟萃》封面

共1册，125页。杨本雷主编。云南民族出版社2000年8月出版（图45）。本书主要内容包括彝族医药理论探源，对彝族医学的基础理论及其与中医学之间的相互联系进行了阐述和讨论，此外还记述了部分彝医药物以及方剂，并对彝族医学书籍进行了归纳和简述。该书比较有特色的是除了记述彝医使用的药物方剂，还对部分彝医方剂添加了评注。

[illegible]

1．文献价值

《彝族医药荟萃》包含了作者对彝族医药及其基础理论的深入探讨，同时介绍了部分彝族药物、方剂，对部分方剂的评述及对彝医古籍文献和现代著作的简要归纳和评价。

2．医药价值

该书记载内容翔实，并且带有作者在实践中对方剂和药物使用的评述，在指导临床治疗、建立彝医基础理论体系上具有一定的意义。

《彝医揽要》

《[illegible]》

图46 《彝医揽要》封面

共1册，339页。王正坤编著。云南科技出版社2004年出版（图46）。本书内容分为上篇、下篇和附篇。上篇详述了彝医药学的基本内容，包括基础理论，如清浊观念，彝族八卦，彝族五行，六色辨析，八方位年，眼、耳、鼻、口、舌，筋、肉、骨、血，肝、肺、心、脾、肾，大肠、小肠、胃、胆，气、血，还包括病根学说，算病思路，治疗原则，组方理论，医技医术，彝医家训等。下篇着重探讨对彝医药的认识上存在的问题，如彝医“巫医兼施，神药两解”的问题、彝医与彝族民间医的问题、彝药与药材概念混淆的问题、彝医药教育和科研的问题、彝医药材资料的保护与利用等。在附篇中，作者选录了《彝文古籍译注》《彝人病痛药方》两篇彝文文献的汉译文。

[illegible]

1．文献价值

《彝医揽要》详述的清浊、八卦、五行、气血等理论，在之前的彝文文献中已有零星记载，本书在纵向上阐明了这些理论的传统性和系统性，在横向上说明了其民族性和科学性。

2．医药价值

该书在病根学说、算病思路、治疗原则、组方原理、医技医术、彝药制剂剂型和药材加工炮制等方面，提出了自己的见解，提炼出彝族医药理论体系和实践经验方面较为重要的内容，具有一定参考价值。

《中国彝族医学基础理论》

《[illegible]》

图47 《中国彝族医学基础理论》封面

共1册，235页。杨本雷主编。云南民族出版社2004年12月出版（图47）。本书分为上、中、下、附四编。上编总论分为三章，分别是彝族医药源流简史、彝医基础理论概述、三才相应整体观及其临床意义；中编“一元二气六路 五行毒邪”理论体系，分为五章，分别是彝医的元气理论及其临床意义、清气和浊气、清浊二气六路学说、五行学说、毒邪病因理论；下编“诊法 生理 辨证 治则治法”体系，分为五章，分别是诊法、各脏器的生理功能及其辨证、二气六性辨证、寒温疫毒病辨证体系、治则和治法；附编包括辨病辨证论治举例（心血脉系统），病、证、症、症状群、综合征和诊断，彝医古籍方选。

[illegible] 1[illegible]，235[illegible]。[illegible]。2004[illegible]12[illegible]。[illegible]

1．文献价值

本书介绍了彝医的发展简史，系统阐述了彝医基础理论的核心、彝医对病因病机的认识、辨病辨证诊断治疗体系及特色。

2．医药价值

本书以“元气、清浊二气、清浊二气六路、五行、毒邪病因”作为彝族医学基础理论的主线和核心，而“二气六性辨证、毒邪辨证、各脏器组织辨证、寒温疫毒病辨证”等是彝医辨证论治的基本方法，二者结合，形成了比较完整的、系统的理论体系，为彝族医学所独创，对学习彝医基础理论，研究彝族医药深刻内涵具有重要参考意义。

《中国彝族药学》

《[illegible]》

图48 《中国彝族药学》封面

共1册，693页。云南省彝族医药研究所编，杨本雷主编。云南民族出版社2004年12月出版（图48）。本书是研究彝族药的基本理论和彝药临床应用的专著。全书分为总论、各论、索引三部分。总论共6章，分述彝药的基本理论，彝药的含义和特点以及彝药的起源和发展，彝药的命名和分类，彝药的药性，彝药的应用，彝药的采集、加工、贮藏；各论收载我国西南地区彝医常用的药417味（含植物药、动物药、矿物药），附图413幅，收载彝医传统用方和选方3 624首。根据彝医应用的主要功效分为15类，每类各列一章，每章简要介绍该章药物的药性特点、功效、主治范围等。每味药下分彝药名、汉药名、别名、来源和原植（动）物、产地、采集加工、性味归路、功能、彝医传统应用、用法用量、选方、文献选录、药理、按语、参考文献、彩图。各论之后附有索引，包括药名、汉药名、拉丁学名索引三部分。

[illegible]

1．文献价值

本书对彝药的起源、历史、二性六味、归路、传统应用及其特点、基础理论进行了系统的归类和整理，是一部较为全面地记述彝族医药传统知识的综合性参考书籍。

2．医药价值

本书在继承传统彝医用药经验基础上，采用现代科学方法进行研究和提炼，初步建立了较为完整的彝族药理论体系。书中所记药物既有汉医的常见应用内容，又有彝医传统的独特应用，对古今彝药典籍和民间用药特色进行了系统整理总结，丰富了彝药学内容。

《云南彝医药》(上、下卷)

共2卷，上卷262页，下卷588页。云南省彝医院、云南中医学院编著，杨本雷、郑进主编。云南科技出版社2007年出版(图49)。上卷云南彝医分上中下三编。上编主要介绍彝族医学的来源、形成及发展历史，并简要概述了彝族医学的基础理论以及彝族医学理论的“三才”哲学观和临床意义；中编详细论述了彝族医学理论的核心内容，即“一元、二气、六路、五行、毒邪”理论体系，具体分述了彝医的元气理论、清浊二气六路学说、五行学说、毒邪病因理论；下编详细阐述了彝族医学理论的“诊法、生理、辨证、治则治法”体系，具体分述了“问、望、触、闻”四种诊法，人体脏器的生理功能及其辨证，“二气(清浊)六性(表里、寒热、虚实)”辨证，寒温疫毒辨证，以及相应的治则和治法。最后附有彝医应用毒邪理论治疗某些常见病的精选药方。

图49 《云南彝医药》封面

下卷云南彝药分为总论和各论两大部分。总论阐述了彝药的基本理论，包括彝药的含义和特点、起源和发展、命名和分类、药性和应用、资源和分布。各论共收载我国西南地区彝医常用的彝药417味(含植物药、动物药和矿物药)，根据彝医应用的主要功能分为15类，按类分章详述了该类药的药性特点、功效和主治范围等。下属每味彝药按彝药名、汉药名、别名、来源、原植物、产地、采集加工、性味归路、功能、用法用量、彝医传统应用、药理、按语、参考文献等14小项详细介绍。

[illegible] 2[illegible]，262+588[illegible]/[illegible]。[illegible]，[illegible]。2007[illegible]。[illegible]

1．文献价值

本书是对几十年来云南省彝族医药研究所和云南省彝医医院在彝医药整理研究工作方面所取得的成果的浓缩和总结。本书是在前期《中国彝族医学基础理论》和《中国彝族药学》两书内容基础上，做适当删减和补充后，出版的一本系统阐述彝族医学基础理论体系和相应的诊法治法，以及彝族药理论和常用彝药的彝医药学著作，可以说是集云南彝族医药之大成。

2．医药价值

本书的出版，让分散于各彝文典籍中的彝医理论、彝药理论及彝药得以以一个完整的、系统性的面貌呈现于世人面前，是系统研究、学习彝医药的重要论著。

《彝族验方》

《[illegible]》

共1册，340页。王正坤编著。云南科技出版社2007年2月出版（图50）。本书共收载彝族验方936首，应用了植物药、动物药以及矿物药1 108味，用于治疗188种人类病症。全书共分为十卷，按照彝医病症分群法进行分卷编排。其内容涵盖内体病症用方、头面病症用方、口舌病症用方、肛周病症用方、肢体病症用方、男性病症用方、女性病症用方、幼儿病症用方等。在附录部分，还有药材炮制概述。除此之外，在书末尾还附有检索，方便读者查阅。

图50 《彝族验方》封面

[illegible] 1 [illegible]，340[illegible]。[illegible]。2007[illegible]2[illegible][illegible]。[illegible]936[illegible]，[illegible]、[illegible]1 108[illegible]，[illegible]188[illegible]。

1. 文献价值

本书是作者将彝医传授的彝族验方结合中西医药学知识编写而成。该书较为系统全面地记述了彝族聚居地区民间历代使用的药方，收录内容丰富，记述详尽，具有收藏和研究价值。

2. 医药价值

彝族验方指的是彝族地区历代应用的、证明有疗效的现成的药方。本书验方来源于凉山、哀牢山、乌蒙山以及周边彝族聚居地区，以哀牢山周边彝族聚居地区的彝医传播的居多。彝医验方的特点为：药材味数少、使用药材大多是彝区地产药材等。本书将哀牢山周围地区民间流传的彝族验方较为系统地收集整理起来，对于临床应用、开发以及现代科学研究都有一定参考意义。

《彝族医疗保健——一个观察巫术与科学的窗口》

《[illegible]——[illegible]》

共1册，173页。刘小幸著。云南人民出版社2007年3月出版（图51）。本书是作者将自己攻读博士学位期间在云南、四川的彝族地区从事田野调查的调查笔记等资料整理而成。书中对彝族农村的医疗和卫生情况进行了分析和评论。该书内容包含彝族医疗保健的文化历史背景、彝族地区的医疗保健系统、楚雄罗罗颇的医疗实践、凉山诺苏的医疗实践以及对理论思考和相关问题的阐述。

[illegible] 1[illegible]，173[illegible]。[illegible]。2007[illegible]3[illegible]

图51 《彝族医疗保健——一个观察巫术与科学的窗口》封面

1. 文献价值

本书是基于田野调查所收集到的调查笔记、照片、录音和影像等资料整理简化而成的专著，内容凝练，言简意赅。本书的出版，对彝族医学人类学的研究以及发展具有一定的贡献。

2. 医药价值

该书除了对医药内容的记述，还结合彝族当地的历史和文化背景，从不一样的角度阐述彝族医药的内涵，独具一格。

《中国彝族民间医药验方研究》

《[illegible]》

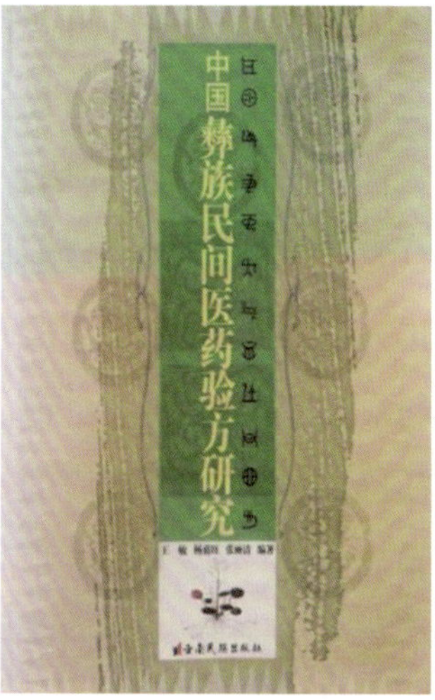

图52 《中国彝族民间医药验方研究》封面

共1册，284页。王敏、杨甫旺、张丽清编著。云南民族出版社 2007年11月出版（图52）。本书内容共十章，第一章为彝族民间医药概论，从对药物的认识、治疗特色、发展概况三方面，对彝族医药历史发展情况做了简要介绍。第二章至第十章收集彝族民间医药验方2 194首，其中治疗内科疾病677首，妇产科疾病294首，儿科疾病178首，外科疾病695首，皮肤科疾病212首，五官科疾病138首。

[illegible] 1 [illegible]，284[illegible]。[illegible] 2007[illegible] 11 [illegible]。

1. 文献价值

本书系统、全面地向读者展示了彝族民间治疗内科、妇科、儿科、外科、骨伤科、皮肤科、五官科疾病的经验，是目前收集整理彝族民间医药验方较为全面的文献，填补了彝族医药民间验方在内科、妇科、儿科、外科、骨科、皮肤科等科在这以前无系统文献研究的空白。

2. 医药价值

该书收载方剂2 194首，方剂数量众多，且将方剂系统分类为不同科系，对医药工作者来说是一部极具价值的临床参考书籍。

《彝族毕摩经典译注》

《[illegible]》

图53 《彝族毕摩经典译注》部分卷册

楚雄彝族自治州人民政府组织编纂。云南民族出版社2007—2014年陆续出版（图53）。《彝族毕摩经典译注》共计106卷，约7 200万字。该书收录了滇、川、黔、桂四省区彝族代表性的彝文典籍和口传祭经、创造史诗、英雄史诗、叙事长诗，内容包括彝族的天文历法、医药、指路经、祈福经、道德经、丧葬经、婚俗诗、招魂经、火把节祭经、祛邪经等。其中，涉及医药内容的主要是第二十三卷“哀牢山彝族医药”，第四十四卷“武定彝族医药”，第六十二卷“占病书”，第六十三卷“医病好药书”，第九十二卷“罗婺彝族献药经”，第九十三卷“双柏彝族医药书”，第九十八卷“祛魔治病经”。

[illegible] 106[illegible]。[illegible]。2007-2014[illegible]。《[illegible]》[illegible] 106[illegible]，92800[illegible]，[illegible]7200[illegible]。[illegible]。

1. 文献价值

彝族文化的传承主要依靠口传和毕摩经书，历来具有秘传性特征。《彝族毕摩经典译注》内容涉及祭祀、文学、天文历法、历史、医药、教育、语言、军事等，堪称彝族人民世代相承的“百科全书”。因此，《彝族毕摩经典译注》的出版是我国彝族文化有文字记录以来第一次大规模的全面整理，是彝族文化面向世界的首次大展示和大盘点。本书内容丰富翔实、涵括面广，是一套彝族文化遗产巨著，是珍贵的文献资料，有多方面的研究价值。通过本书，可全面认识和了解彝族社会文化和历史，有助于深化对彝族传统文化的认识了解。《彝族毕摩经典译注》的出版，对保护和弘扬彝族优秀传统文化，推进彝族文化创新，加快开发和利用彝族文化资源，促进彝族文化的建设和发展，有着巨大推动作用。

2. 医药价值

该书收录的彝医药知识，源自彝文古籍、毕摩传承和民间流传，来源地既有属彝语南部方言区的云南的一些地区，包括永善、新平、峨山、元江、通海、禄劝、武定等地，又有属彝语北部方言区的四川某些地区，包括雷波、美姑、昭觉、马边、峨边、屏山等地，内容涉及疾病的种类、诊治，并收载不少彝族药物和验方，介绍彝药应用经验。因而，本书是系统了解和研究西南彝区彝族医药文化知识的一部重要著作。

《尼苏诺期——元阳彝族医药》

[illegible]

共1册，143页。元阳县彝族学会编。云南民族出版社2009年4月出版（图54）。本书根据《元阳彝医书》翻译整理而来，原书共3 565个字，记述有86个病症，248个药方，462味动植物药及矿物药，采用彝文原文、国际音标、汉文直译、汉文意译相结合的形式进行翻译整理，附有彝文文献影印件，106幅药物图谱。

[illegible]

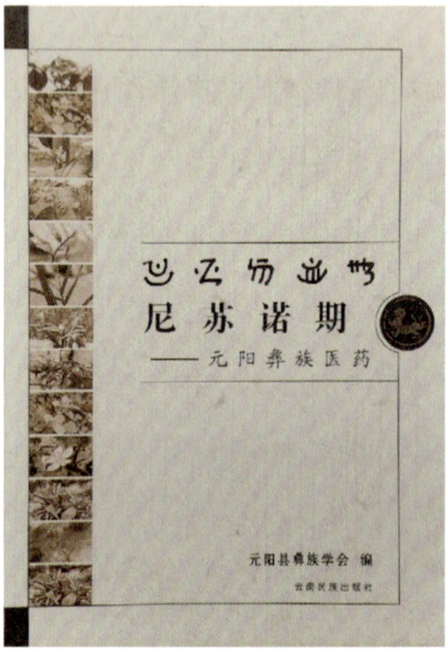

图54 《尼苏诺期——元阳彝族医药》封面

1．文献价值

本书是《元阳彝医书》的翻译整理本，除完整记录原书内容外，又附有彝文文献影印件及药物图谱，是研究《元阳彝医书》重要而又相对易得的文献资料。

2．医药价值

该书除对《元阳彝医书》进行翻译之外，还增加了药物图谱，以彝文、汉文对照的方式进行整理，一方面体现传统彝医古籍文献的内容，同时也包含现代的整理和研究，是对《元阳彝医书》医药内容的进一步整理和提升。

《彝医治疗学》

《[illegible]》

共1册，248页。李林森编著。中央民族大学出版社2011年9月出版（图55）。本书主要从彝族历史与医药文化、彝医治疗学和常用彝药三个方面对彝族医学进行介绍。全书分为三个部分，共十四个章节，分别介绍了彝族医学发展简史、彝族医学分科论治、彝族常用药物资源及彝族独有的用药特色等。

[illegible] 1[illegible]，248[illegible]。[illegible]。2011[illegible]9[illegible]。[illegible]。

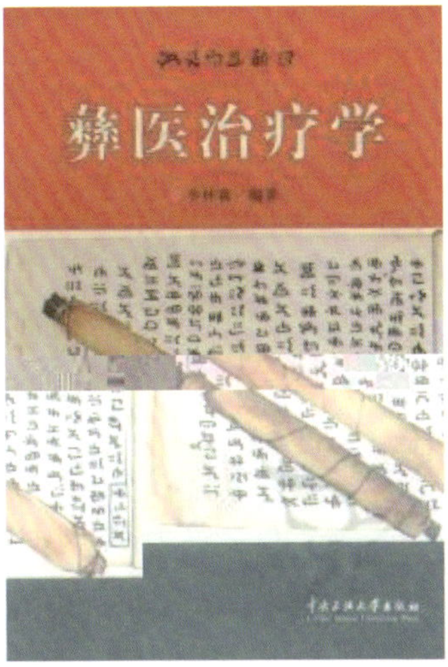

图55 《彝医治疗学》封面

1．文献价值

该书较为全面地总结介绍了彝族医药文化、彝医治疗方法与彝药的使用，系统地展现了彝族医药的丰富内容，兼顾彝医文化特色与自然属性。

2．医药价值

本书主要内容包括彝族历史及医药文化的简述、彝医治疗的方法及一些基本理念和理论、常用彝药等，在彝医临床方面以及科学研究方面具有一定的参考价值。

《中国彝医方剂学》

《[illegible]》

图56 《中国彝医方剂学》封面

共1册，253页。杨本雷、余惠祥主编。云南民族出版社2013年9月出版（图56）。全书分上下两篇，共24个章节，上篇论述了彝医方剂的特点、方剂与治法、分类、组成、剂型等；下篇主要根据彝医的治法和方剂功能作用将方剂分为发表、清火、解毒、补养、消食、祛风湿等15类，共选入方剂478首。

[illegible]

1. 文献价值

本书填补了《齐苏书》问世447年来对彝医方剂进行系统研究整理的空白，是继《中国彝族医学基础理论》《中国彝族药学》后又一重大彝族医药理论研究成果，对于彝医药的整理、保护、研究和发展具有重要意义，是彝族医药发展史上的又一座里程碑。

2. 医药价值

该书收载方剂众多，包括发表、清火、解毒、补养等15类，在方剂功效划分上体现了彝医理论特色，对指导彝医药人员的用药实践具有重要作用。

《彝文典籍集成·四川卷·医药》

[illegible]

共11册，6 540页。《彝文典籍集成》编委会编。四川民族出版社2014年出版（图57）。本书共分为11册，其内容涉及彝族传统医学中的具体药方以及彝族毕摩经典中各种关于治疗疾病、预防疾病的原理、规律和方法等。具体内容包括《此切》《此木嘟庆》《此芹肭故》《斯瑟涤》《初次格地》等几十卷。

[illegible] 11 [illegible]，6540 [illegible] 2014 [illegible]

图57　《彝文典籍集成·四川卷·医药》封面

1. 文献价值

本书收载了丰富的彝文医药典籍，共11册，内容涉及广泛，不仅有毕摩作毕时的经文，治疗疾病的药方，还有人们为预防传染病而采取的各种积极的隔离措施和预防手段等。例如在生产生活中不与麻风病、痨病患者同吃、同坐、同卧，隔离使用生产工具和生活用品等。书中内容为手写彝文版本的影印版本，保留了原始文献的原貌，是研究彝族人民防病治病过程及思想的珍贵资料。

2. 医药价值

该书内容丰富，收载了医算、医理、方剂等多方面的经书内容，保持文献原貌，没有对其内容进行解读和翻译。后续经学者翻译整理其内容，可能会进一步完善彝族医药体系。

《此牡都嗪考释》

[illegible]

共1册，共124页。吉晓丽主编。四川民族出版社2015年4月出版（图58）。《此牡都嗪》是凉山彝族自治州甘洛县团结乡雅什村已故著名毕摩黎格取打家传的一部老彝文医药古籍。该书于1984年5月由雅什村母基洛浅解读断句，甘洛县语委萨嘎阿牡手抄完成，现藏于凉山州语言文字工作委员会古籍库。该书记载了88种病症，包括292种植物和29种动物的药方。《此牡都嗪考释》一书是对《此牡都嗪》的重新整理和编纂，将原书分散的各科疾病内容归类集中在一起，更便于不懂彝文的读者查阅。书中按病症进行分类，每一类病症下均有考证及简释。考证包括把病症的临床表现与现代中医临床验证对应，并且对每味药物寻找实物标本，进行鉴定。简释内容包括对病症的临床表现、诊断依据进行增补，对每味药的用法用量、注意事项进行标注等。

图58 《此牡都嗪考释》封面

[illegible]

1．文献价值

本书属于对彝医世代相传的医药秘籍的总结和归纳以及考证，对原书内容进行了现代解读，使得原书内容能够得到更为广泛的传播。

2．医药价值

《此牡都嗪》原书内容丰富，但每种疾病只记载了名称，没有具体的临床表现和诊断的依据，每味药只有药名，缺乏用法用量及功效的描述，因此，一般人难以解读。《此牡都嗪考释》的出版，是对彝族传统医学的发掘、传承和发展，对彝族医药的继承和发扬具有重要意义。

《彝文典籍集成·云南卷·医药》

《[illegible]》

共2册，1 205页。《彝文典籍集成》编委会编，四川民族出版社2015年出版。《彝文典籍集成·云南卷·医药》是从云南省境内的有关机构和彝族民间搜集、整理而成的彝文医药类古籍文献，通过筛选、拍摄、专家审读、专家遴选、分类、内容提要提炼、深度遴选、编辑审读等过程整理成两册。其内容涉及彝族传统医学中的具体的药方以及彝族毕摩经典中各种有关治病疗疾的原理、规律和方法等。

[illegible]

1．文献价值

该书收载了云南省收集整理的彝文医药类古籍文献，保留了彝文古籍原貌，这些古籍文献经过拍摄、内容提炼及编辑后载入该书。该书对保护及传承云南省发掘的彝族医药古籍文献、研究传统彝族医药学经典文献具有重要意义。

2．医药价值

该书包含了云南地区传统彝族医药治病药方以及彝族毕摩经典中有关先民防病治病的方式及方法，对研究云南地区彝族医学理论、方剂组成及规律等具有重要的参考价值。

《彝医诊疗方案》

共1册，153页。云南省彝医医院、楚雄彝族自治州中医医院编。云南省彝医医院2016年5月印刷，未公开出版（图59）。本书是云南省开展的彝医药知识培训的教材之一。内容包含各类病症的彝医诊疗方案，包括锁骨骨折彝医诊疗方案、腰痛病彝医诊疗方案、消渴病（2型糖尿病）彝医诊疗方案、银屑病彝医诊疗方案、痔病彝医诊疗方案、胃脘痛（慢性胃炎）彝医诊疗方案、肺炎喘嗽（肺炎）彝医诊疗方案等25个不同病症的彝医诊疗方案。在每一种病症的诊疗方案中都包含了疾病的诊断、治疗方案、疗效评价等内容。

图59 《彝医诊疗方案》封面

1．文献价值

本书作为云南省楚雄州开展的彝医药知识培训使用的教材之一，内容主要参考了杨本雷主任医师主编的《中国彝族医学基础理论》《中国彝族药学》和《中国彝医方剂学》等专著和相关文献资料，是适合临床实践使用的一本书籍。

2．医药价值

在广泛查阅文献资料的基础上，编写专家结合本地特色和多年临床经验，按照“基础、易学、实用”的原则进行编写，其中涉及的彝药、方剂、诊疗方案和彝医适宜技术在临床中均有广泛应用，并取得良好的临床疗效。因此，本书不仅是一本学习参考的资料，在临床应用以及科学研究上，也具备一定的学术价值。

《彝族毕摩苏尼医药及适宜技术》

[illegible]

共1册，655页。总主编：余曙光，本册主编：沙学忠。四川民族出版社2016年6月出版（图60）。《彝族毕摩苏尼医药及适宜技术》一书是《国家中医药管理局民族医药文献整理丛书》中的第九卷，由彝医沙学忠老师负责编写。彝族历史悠久，在长期的发展过程中，创造出了本民族的文字、文化、历法以及医学。毕摩是彝族文化的继承和传承者，他们掌握着彝族的文字，学识丰富，在旧时代还担任一些彝族地区贵族的老师；同时，由于他们掌握一定的医药知识，因此也是彝族的医生。而苏尼，则是掌握一些具体医疗技术的人员。因此，他们的经验代表了彝族医药学的经验。本书的编写历时三年，编者多次往返于四川省凉山彝族自治州的彝族集中居住区，如美姑、昭觉等县，收集、采访、采集药材、整理毕摩的基本医学理论，最终汇集这些资料编写而成。本书分为上、中、下三篇，上篇包括毕摩、苏尼的介绍，毕摩算病的基础理论以及毕摩、苏尼算病治病的方法；中篇包括收集毕摩、苏尼常用疾病诊断方法13种、医疗方法5个、药材31种、治病方剂420个；下篇为经过科学研究，规范整理的彝族民间和毕摩的适宜医疗技术。

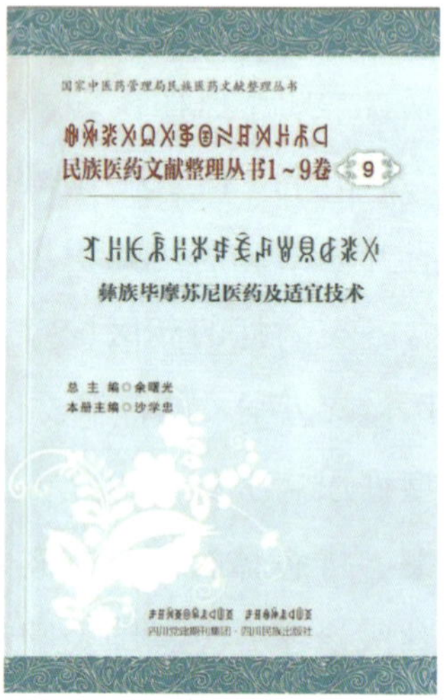

图60 《彝族毕摩苏尼医药及适宜技术》封面

[illegible]

1．文献价值

本书较为系统地收集并整理了凉山彝族聚居区的毕摩和苏尼的治病方法和常用药物以及方剂。其中比较有特色之处是整理了一批四川省凉山彝族自治州美姑地区的毕摩经文，对经书整理分类并对内容进行了简要说明。除此之外，本书还记载了毕摩仪式治病的典型病例，进一步说明了毕摩仪式虽然存在一定的迷信成分，但其中涉及的医药知识和治病方法有其特殊的作用。

2．医药价值

本书对毕摩和苏尼在彝族医药中的作用及其常用的诊疗技术以及药物方剂进行了较为全面的收集和整理，对于彝族医药科研工作者以及民族医药临床工作者而言，具有较大的参考价值。

《中国民族药辞典》

《[illegible]》

图61 《中国民族药辞典》封面

共1册，1 263页。贾敏如、张艺主编。中国医药科技出版社2016年出版（图61）。本书是国家中医药管理局组织编写的民族医药文献整理的实用性工具书。其中收载了全国少数民族使用药物总数7 736种，其中植物药7 022种，动物药551种，矿物药163种。涉及53个少数民族。在这些少数民族药物中，包含彝族传统药物1 270种。本书每个物种辞条收载的原则包括五条：具有正确的生物拉丁学名、矿物的英文名或拉丁名；具有本民族使用的药物名称；具有确切的药用部位；具有明确的功能主治和用法；具有公开出版或刊登的文献资料等。

[illegible] 1 [illegible]，1263 [illegible]。[illegible]。2016 [illegible]。[illegible] 7736 [illegible]，[illegible] 7022 [illegible]，[illegible] 551 [illegible]，[illegible] 163 [illegible]。[illegible] 53 [illegible]。[illegible]，[illegible] 1270 [illegible]。

1．文献价值

本书内容丰富，收载全面。本书在主治病名的描述上，原则上尊重原始文献，保留了原有民族特色。作为我国少数民族医药的一部工具书，本书具有较高的实用及参考价值。

2．医药价值

本书有利于迅速查找民族医药品种，有利于各民族医药工作者对药物进行比较；分类科学，按照生物进化系统分类排序，是一本研究民族医药难得的全面型的工具书。

《彝医处方集》

[illegible]

图62 《彝医处方集》封面

共1册，199页。沙学忠主编。云南民族出版社2016年7月出版（图62）。本书内容包括内科、口腔科、皮肤科、外科、眼耳鼻喉科、妇产科和儿科7个部分，共420个处方，按照组成、用法、主治、方源、备注格式编写。

[illegible]

1．文献价值

凉山彝族地区专门介绍彝族医药的古籍文献很少，本书通过收集、整理毕摩经书中散载的彝族医药内容以及民间口传的和有关参考书目中的彝族医药知识而著。因此，该书对了解和认识凉山彝族医药具有重要意义。

2．医药价值

本书收载方剂420个，既有来自文献的内容，也有作者实地考察收集的民间验方，对于指导广大彝医药工作者临床用药以及科学研究都有重要意义。

《常用彝药及医疗技术》

《[illegible]》

共1册，182页。沙学忠主编。云南民族出版社2016年7月出版（图63）。本书内容包括常用植物药22味、动物药11味，以及拔吸术治疗颈腰椎病技术、烟熏法治疗牙痛技术、火疗法治疗风寒湿性关节痛、挑刺法治疗脾胃病、滚蛋疗法治疗小儿外感高热、火草灸治疗原发性痛经技术等6个医疗技术。每味药按照药名、基源、原植物、用药部位、药材采集、功用主治、用法与用量、彝医用药经验进行书写。医疗技术按照技术简介、疾病简要、疾病诊断标准、适应证、禁忌证、技术操作方法、注意事项、不良事件及处理方法进行书写。

图63 《常用彝药及医疗技术》封面

[illegible] 1 [illegible], 182 [illegible]。[illegible]。2016 [illegible] 7 [illegible]。[illegible] 22 [illegible]、[illegible] 11 [illegible] 6 [illegible]。

文献和医药价值

该书有图有文，以彝、汉文对照的形式，详细介绍了常用彝族药物和彝医常用医疗技术，且所收药物均经过四川省中医药科学院中药种植与资源研究所鉴定。该书的出版，为彝族医药爱好者提供了较好的参考资料，对传承、开发民族民间医药文化有积极意义。

《彝族医药古籍文献总目提要》

[illegible]

共1册，201页。徐士奎、罗艳秋编著。云南科技出版社2016年12月出版（图64）。本书记录彝族医药古籍文献222种。根据彝医药古籍文献的学科属性和内容特征，将古籍分为医经、医理、诊治、本草、病症用药、调护、医史、作祭献药、医算、综合10类。其中，医经类8种、医理类6种、诊治类9种、本草类11种、病症用药类52种、调护类8种、医史类20种、作祭献药类55种、医算类45种、综合类8种。该书扼要介绍了彝族医药古籍文献的卷册数、著作者、成书或抄写年代、流传沿革、内容提要、学术特点或价值、分布情况、保存现状、载体形制、文字类型、版本类型、存佚情况、藏书单位和分类构成等情况。

图64 《彝族医药古籍文献总目提要》封面

[illegible]

文献和医药价值

本书是首部全面反映我国彝族医药典籍概况的工具书，是目前收录彝族医药书目最全的辞书，有助于认识和理解彝医药的发展渊源和知识体系，并快速定位所需查找的书籍。

《王敏彝族医药论文集》

[illegible]

图65 《王敏彝族医药论文集》封面

共1册，263页。王敏编著。云南民族出版社2016年12月出版（图65）。本书是编著者研究彝族医药20余年的论文合集。论文包括编著者对彝族医药源流的论述，对彝族医药理论的认识和解释，对彝族医药产业发展的思考以及彝族医药临床用药的经验总结等。

[illegible]

1．文献价值

本书是编著者王敏主任医师的论文合集，是其长期的彝族医药实践经验的总结，同时也是对彝族医药理论的印证和升华。该书的出版，对彝族医药的现代发展具有一定现实意义。

2．医药价值

王敏主任医师作为著名彝医，临床经验丰富。该书作为他的临床经验的总结，对于研究彝族医药、指导临床用药等都具有重要的参考价值。

《彝医治疗技术》

[illegible]

共1册，269页。许嘉鹏、展平主编。云南民族出版社2017年出版（图66）。本书分为上篇和下篇。上篇为74项彝医治疗技术，重点论述各种治疗技术的适应证、治疗方法、注意事项、禁忌证。下篇为28项彝医护理技术操作，重点介绍技术操作流程，指导彝医护理人员正确、规范地进行各项治疗技术操作。

[illegible]

图66 《彝医治疗技术》封面

文献和医药价值

《彝医治疗技术》是云南省彝医药培训的教材之一。其内容主要包含彝医临床上的一些实用技术技巧，在彝医临床方面具有重要的参考意义。

《彝药学》

[illegible]

图67 《彝药学》封面

共1册，220页。杨本雷、倪志坚主编。云南民族出版社2017年3月出版（图67）。本书内容分为总论和各论。其中总论为2章，分别是彝药及彝药学、彝药的主要性能。各论为16章，分别是发表药、清火药、杀寒药、补养药、解毒药、顺气药、活血药、消食药、咳喘药、风湿药、跌打药、癞疮药、收涩药、泻利药、止血药、彝族药成药和制剂等，记述了彝药的形成与发展、特点、治法、组成、配伍、分类、剂型、用量和服用方法。每首方剂以汉文名、别名、来源、原植物、产地、采集加工、性味归路、功能、彝族传统应用、用法用量、药理、按语等加以分析列叙并阐述彝医用药的独特之处。

[illegible]

1．文献价值

本书是由楚雄州组织编撰的彝医药的培训类教材，是在《中国彝族药学》基础上删减、增加编写而成。本书的出版，有利于彝族医药学人才的培养，对彝族医药的传承和发展具有重要意义。

2．医药价值

该书收载了丰富的彝药，并记述了每种药物的功能与传统应用，对于彝药现代化科学研究以及临床用药，都是一部难得的参考书。

《彝医基础理论》

《[illegible]》

1册，187页。杨本雷、张之道主编。云南民族出版社2017年3月出版（图68）。本书分为上、中、下三篇。上篇总论，分为2章，分别是概述、彝医学术思想。中篇彝医理论核心，分为6章，分别是概述、彝医的元气理论及其临床意义、清气和浊气、清浊二气六路学说、五行学说、毒邪病因理论。下篇病因病机和辨证诊法治法，分为6章，分别是病因、病机、辨证、诊法、治则与治法、彝医药用特点。

图68 《彝医基础理论》封面

1[illegible]，187[illegible]。[illegible]，[illegible]。2017[illegible]3[illegible]。[illegible]，[illegible]，[illegible]，[illegible]。

1．文献价值

本书是全国首套彝医系列本科基础课程类教材，是在彝医理论研究、整理所取得的成果基础上所编写的一本适合本科教学使用的教材。本书的出版，有利于彝族医药学人才的培养，对彝族医药的传承和发展具有重要意义。

2．医药价值

本书较为全面地记述了彝族医药基础理论，对于研究彝族医药理论，将理论应用到临床，构建彝族医药理论体系具有重要意义。

《彝药化学》

《[illegible]》

图69 《彝药化学》封面

共1册，352页。张志峰、青琳森、尚远宏、雨田主编。民族出版社2017年8月出版（图69）。《彝药化学》一书是高等学校中药学（彝药学方向）专业本科第一版规划教材之一，其主要内容包括彝药化学的研究对象及内容、研究目的以及彝药化学研究概况，彝药化学成分的一般研究方法，糖和苷类化合物、苯丙素类化合物、醌类化合物、黄酮类化合物、三萜类化合物、甾体类化合物，生物碱等化合物的结构与分类、理化性质、提取与分离结构研究以及含各类化合物彝药材研究实例。

[illegible] 1 [illegible]，352 [illegible]。[illegible] 2017 [illegible] 8 [illegible]。

1．文献价值

该书为高等学校中药学（彝药）专业的系列教材之一，目前也是西南民族大学中药学（彝药）专业本科生彝药化学课程的指定教材。相对于中药来说，真正被阐明有效成分的彝药品种较少，尤其是从彝医临床疗效以及彝药传统功效的角度上看，被阐明有效成分的品种更是稀少。该书的编写，使得对彝药的化学成分研究有了更加全面和科学系统的参照。

2．医药价值

该书是彝族医药少有的现代化研究类书籍，既是教材，也是科学研究的参考书，对于彝族医药现代化开发利用与发展具有一定意义。

《彝文典籍集成·贵州卷·医药》

[illegible]

共1册。《彝文典籍集成》编委会编。四川民族出版社2017年12月出版。《彝文典籍集成·贵州卷·医药》是从贵州省内的有关机构和彝族民间搜集、整理而成的彝文医药类古籍文献，通过筛选、拍摄、专家审读、专家遴选、分类、内容提要提炼、深度遴选、编辑审读等过程整理成1册。其内容涉及彝族传统医学中的具体的药方以及彝族毕摩经典中各种有关治病疗疾的原理、规律和方法等。

[illegible]

1. 文献价值

该书收载了贵州省收集整理的彝文医药类古籍文献，与《彝文典籍集成·四川卷·医药》及《彝文典籍集成·云南卷·医药》一样，对有关机构及民间搜集、整理的彝文医药类古籍文献进行了较为系统的整理及提炼，对保护民间散落的彝族医药文献，传承贵州地区彝族医药传统知识具有重要意义。

2. 医药价值

该书包含的彝族传统医学的防病治病理念及治病药方，是研究贵州地区彝族先民医学理论、治病规律及治疗方法等的重要资料。

《彝医古籍文献选读》

《[illegible]》

图70 《彝医古籍文献选读》封面

共1册，266页。展平、许嘉鹏主编。云南民族出版社2017年12月出版（图70）。该书分为上篇和下篇。上篇为近现代彝医经典选读：第一章彝医基础理论，第二章彝族传统医药文化中的哲学思想，第三章《彝医治疗学》方选，第四章经典彝药选读，第五章《彝医药经》节选，第六章《尼苏诺期》节选。下篇为古代彝医经典选读：第一章《启谷署》，第二章《齐苏书》，第三章《医病书》，第四章《医病好药书》。

[illegible]

1．文献价值

本书是全国首套彝医系列本科基础课程类教材，是一本适合本科教学使用的教材，系统介绍了彝医古籍文献，有助于读者快速全面了解彝族医药的经典著作。本书的出版，有利于彝族医药学人才的培养，对彝族医药的传承和发展具有重要意义。

2．医药价值

本书精选了彝族医药经典，提炼彝族医药之精华，对于指导彝族医药学习与临床使用具有一定参考价值。

《彝医药理论与应用》

《[illegible]》

共1册，共440页。王正坤主编。云南科技出版社2018年11月出版。该书是编者在学习彝文典籍之后，节选重点内容进行注解而成的一本实用书籍。全书分为上、中、下三篇。上篇为历史，包括起源、沿袭、医规；中篇为理论，包括彝医基本理论以及主要学说；下篇为应用，包括人体构造与生理、疾病概念、症候意识、诊病基础、治疗概要以及外治技术等。

[illegible]

1．文献价值

本书是对彝文典籍的注释及升华。由于彝文典籍大多成书年代久远，而且多以古彝文书写，古彝文与现代彝文字形字义有差别，地区之间字音语音差别也很大，很难准确理解彝文典籍内容。因此，本书可从一定程度上帮助解决这一难题。

2．医药价值

本书的出版，有助于提升对彝医药理论的研究，有助于对彝医药感兴趣的研究者更加准确地理解彝医药理论的真实内容。

《彝药本草》

《[illegible]》

2卷，上卷212页，下卷169页。张之道、许嘉鹏、孙文洁著。云南科技出版社2018年12月出版（图71）。本书是国内目前最为全面、品质最为优良、图文并茂地记载彝药的精品专著。本书分为上下两卷，由当代彝族医药领军人物、被誉为“云南草药大王”“彝药王”的张之道先生主持编纂，收录了临床常用、疗效较好的近400种彝药。这些彝药均经云南省彝医医院与云南省彝族医药研究所的临床验证，按照名称、来源、功效主治以及彝医应用经验等内容进行介绍，其所含内容是张之道先生数十年来对彝药发掘、整理研究的成果，是当代集彝医药之大成的学术专著。

[illegible]

（1）

（2）

图71 《彝药本草》封面

1．文献价值

《彝药本草》是由素有“彝州李时珍”“云南草药大王”之称的张之道先生整合了数十年来对彝药发掘、整理和研究的成果而成。书中图文并茂，详细地介绍了最典型、适用范围广并且疗效确切的近400种彝药，并且记载了每种药物的彝医特色用药经验。

2．医药价值

该书对促进彝族医药资源合理开发利用具有非常积极的意义，对于传承、保护和研究彝族传统医药以及彝药的现代开发研究都具有重要的作用，具有较高的科学价值和实用价值。

《云南民族药大辞典》

《[illegible]》

图72 《云南民族药大辞典》封面

共2册，分上下册，3 171页。云南中医药大学编，郑进、张超、钱子刚主编。上海科学技术出版社2019年1月出版（图72）。本书内容包括药物1 469种，附方8 000余首，集合了藏医药、彝医药、傣医药、哈尼医药、苗医药等多个少数民族医药的基本理论、用药经验及用药特色。该书以每种药物的正名笔画顺序排列，在每种药物项下包含了民族药名，即云南省各民族对该药物的命名；异名，即除正名外该药物的其他名称；来源，包含药物的基源、形态特征、生长分布等情况；药用部位；采收加工，包括药物的采收时节、采收方法和加工炮制技术等；药性；药物的主要功效及主治；药物的用法用量。每种药物还包括了藏族、彝族、苗族、傣族等在内的云南省各少数民族独特的药用经验，且包含各民族药用古今效方，并附有现代研究，包含对该药物的化学成分研究以及药理研究。该书附录中有药物名称汉语拼音索引、药物学名索引，方便读者查找相关药物。

[illegible]2[illegible]，[illegible]，3171[illegible]。[illegible]、[illegible]、[illegible]，[illegible]。2019[illegible]1[illegible][illegible]。[illegible]1469[illegible]，[illegible]8000[illegible]，[illegible]、[illegible]、[illegible]、[illegible]、[illegible]、[illegible]。

1．文献价值

《云南民族药大辞典》在编写中参考了大量的民族药学资料文献，可以说是一部集云南民族药研究之大成的大型辞典。该书中对部分药物的记述除了上述摘要中所含内容，还包括某些药物的现代临床研究简介以及附注，即包含古今学者对药物的药性、功效主治、配伍等情况的论述，进一步充实其内容。

2．医药价值

该书内容丰富、资料齐全，包含了大量云南民族药资源以及各少数民族用药经验，具有相当高的研究参考价值。除了科学研究价值，该书还收集、挖掘并整理了众多云南省各少数民族用药和附方，也是对我国独特的民族医药理论、药用经验及医药特色的传承与保护，具备较高的收藏价值。

《四川藏羌彝民族医药图鉴》

共1册，552页。赖先荣、杨福寿、张丹编著。四川民族出版社2020年出版（图73）。四川是全国第二大藏族聚居区、最大的彝族聚居区、唯一的羌族聚居区，区域内藏医药、彝医药、羌医药等民族医药具有悠久的发展历史与独特的民族医药文化。本书内容分为“藏医药篇”“羌医药篇”“彝医药篇”三部分。其中，“藏医药篇”主要介绍了藏族传统文化、藏医药历史、藏医药代表性人物与医学著作、藏医医学挂图曼唐与藏医学基础理论、藏药学、藏药代表品种和方剂等；“羌医药篇”主要介绍羌族传统文化、羌医药历史、羌医药基础理论等；“彝医药篇”主要介绍了彝族传统文化、彝医药代表性人物与医学著作、彝医药基础理论、彝药代表药材、成方药及特色诊疗技术、彝族民间验方的组方和配伍等。

图73　《四川藏羌彝民族医药图鉴》封面

1. 文献价值

本书在编写过程中参阅了大量相关资料，对于藏、羌、彝三个少数民族的医药文化有较为全面的概述及介绍。

2. 医药价值

该书图文并茂地展示了部分内容及插图，介绍民族医药特色文化、基础理论、用药实践经验和诊疗技术等，直观而全面，对于弘扬独特的民族传统文化、普及民族医药知识具有重要的意义。

《中国彝医药典籍·病症用药卷》

[illegible]

图74 《中国彝医药典籍·病症用药卷》封面

共1册，602页。许嘉鹏、周能汉、钱丽云、施文贵主编。云南民族出版社2021年12月出版（图74）。2018年8月4日，第十七次滇川黔桂彝文古籍协作会议召开，会议决定滇川黔桂四省（区）联合启动《彝医药典籍》（后定名《中国彝医药典籍》）编纂工作。《中国彝医药典籍》共设10卷，分卷进行编纂。本书是系列典籍编纂出版的第一卷，以《齐苏书》《医病好药书》《医病书》《彝族药书》《药物配方书》《治病简易方》6部彝医药古籍为主，经过近3年的校勘、注释整理及专家学者的多次讨论、修改补充，最终成书。本书共97万字，对古籍内容进行了准确可行的翻译，并加以通俗易懂的注释，内容丰富，意义重大。

[illegible]

1．文献价值

本书为保持彝医药古籍文献原貌，所收录的彝医药古籍均尽量列出原貌照片，供读者观赏、研究彝文字态，以图文并茂的方式充分展示了彝医药古籍的原始形态。该书还对古籍内容进行了翔实的翻译和注解，将6本较为典型的彝医药病症用药方面古籍文献整理出版，对于彝医药古籍文献的挖掘整理及传承保护研究颇具意义。

2．医药价值

由于社会发展及地域差异，部分入录古籍中所收载的彝药名称与当今彝药名称相差较大。在本书编纂过程中，编者尽力采取考证、注释等方式，以通用药名或者彝文名称进行注释。对于入录古籍中的度量衡，编者也进行了古今换算，标出现代参考用量。因而，该书极大程度提升了彝医药古籍文献中的药物名称及用药剂量准确性，为研究彝族医药以及彝医药的临床应用提供了重要参考价值。

《中国彝族医药研究》

《[illegible]》

共1册，668页。张毅主编。四川科学技术出版社2023年1月出版（图75）。本书由2018年国家出版基金资助出版，是全面介绍目前我国彝族医药研究现状的专著，汇集了彝族医药医疗、教学及科研等方面的最新成果。本书内容分为中国彝族医药发展概况、彝医临床适宜技术研究、方剂理论及处方研究和彝医特色药物研究等4章。全书共80多万字，采用图文并茂的方式，配有药物和操作彩图70多张，除囊括了彝族特色动植物药材及550多首单方、验方外，还详尽记述了近年研究比较成熟的彝族医药适宜技术，包括拔吸术、水膏药技术、火疗术等。该书内容丰富翔实，具有较高参考价值。

图75　《中国彝族医药研究》封面

[illegible]

1．文献价值

本书在中国彝族医药发展概况方面较为详细地总结了彝族各聚居区独立于神学之外的医药保健认知及其他医药学对彝族医药的促进作用。除此之外，还对彝族医药古籍及现代编写的彝族医药专业书籍进行了总结和提要，并将彝医临床适宜技术、彝医方剂理论、彝医处方及彝医特色药物研究收集整理出来，汇总于一体，对彝族医药的传承和发展具有重要意义。

2．医药价值

该书较为全面地阐述了近年来彝族医药研究的主要内容，对于研究比较成熟的彝医临床适宜技术的收载，有利于彝族传统治疗法，如拔吸术、水膏药技术、烟熏术、滚蛋术、放血疗法等临床技术的现代推广及应用。此外，该书收录的彝族医药处方及特色药物，也为彝族医药的挖掘、开发及应用提供了重要参考。